KB200108

그리스도를 본받아 4

주님과의 거룩한 하나 됨

This book was first published in the United States by Moody Publishers,
820 N. LaSalle Blvd., Chicago, IL 60610 with the title

The Imitation of Christ

by Thomas a Kempis

Copyright © 1980, 2007 edition by The Moody Bible Institute of Chicago

Translated by permission.
All rights reserved.

This Korean Translation Copyright © 2019 by Kyujang Publishing Company

그리스도를 본받아 4

THE IMITATION OF CHRIST

주님과의
거룩한 하나 됨

토마스 아 켐피스 지음 | 전의우 옮김

규장

'고전'(古典)이란 과거에 저작되어 수준 높은 질적 가치를 인정받을 뿐 아니라 후세 사람들에게 끊임없이 영향을 끼치며 시대를 초월하여 높이 평가되는 문학 등의 예술작품을 가리킵니다. 그런 의미에서 볼 때, 기독교 고전의 백미(白眉)로 손꼽히는《그리스도를 본받아》(De Imitatione Christi)는 참된 의미의 고전이라 할 것입니다.

1427년 경, 독일 태생의 수도사 토마스 아 켐피스가 저술한《그리스도를 본받아》는 750권 이상의 필사본을 남겼고, 1472년에 독일에서 첫 인쇄본이 나온 이후 지금까지 약 70여 개 언어로 3천여 판 이상이 출판된 것으로 추정되며, 출간 현황을 다 파악할 수 없을 정도입니다.

또한 마르틴 루터로 이어져 종교개혁 사상의 맹아(萌芽) 역할을 한 것을 비롯해, 존 웨슬리, 디트리히 본회퍼, 존 스토트, 달라스 윌라드 등 수많은 믿음의 사람들에게 감화를 주었고, 성경 다음으로 많이 읽히는 책으로 알려져 있습니다.

그러나 우리 세대에게 고전이란 어쩌면 '너무 유명하지만 제대로 읽어본 적은 없는 책'인지도 모르겠습니다.《그리스도를 본받아》역시 너무나 유명하여 저자나 책 제목을 아는 사람은 많지만, 읽은 사람을 찾아보기는 쉽지 않고, 가까이 두고 읽으며 그리스도를 본받으려 힘쓴다고 고백하는 사람을 만나기는 더욱 어렵습니다.

고전이 오늘 나의 문제에 답한다

고전이 그렇게도 훌륭하다는 것을 알지만 쉽게 손이 가지 않는 이유 중 하나는 고전이 너무 오래전에 쓰여서 지금의 내 삶과 상관없을 것 같다는 선입견일 수 있습니다.

그런데 책을 읽어보면 마치 저자가 지금의 내 삶을 들여다보고 있기라도 한 듯 어쩌면 그렇게 내 문제를 꿰뚫어 보면서 실질적인 조언과 충고를 해주는지 놀라게 될 것입니다.

이 책은, 살아 있고 활력이 있어 우리 마음의 생각과 뜻을 판단하는 하나님의 말씀(히 4:12)인 성경을 기반으로 하여 성경을 깊이 묵상하고 적용하는 것이기에 600년 전의 저자와 지금의 우리가 말씀 안에서 교제할 수 있는 것입니다.

모든 세대가 고전을 편안하게 만난다

또한 이 책은 본래 전 4부 114장으로 구성되어 있습니다. 이 고전을 읽어보고 싶다가도 두꺼운 책이 부담스러워 포기한 분도 많을 것입니다. 이번에 규장에서 이 책을 각 부별로 나누어 출간하기로 한 것은 이 귀한 책이 정말로 독자 여러분께 읽히기를 바라기 때문입니다.

그래서 늘 손에 들고 편안하게 읽을 수 있는 판형에 묵상을 돕는 아름다운 사진을 함께 담아 정성껏 책으로 엮었습니다. 고전에 누구나 쉽고 편안하게 다가갈 수 있도록 징검다리를 놓고자 했습니다.

이 책을 통해 여러분을 주님과 함께 걷는 호젓한 숲길로, 푸른 초장으로, 나무 그늘로 초대합니다. 어딘가를 오가고, 누군가를 기다리고, 혼자만의 시간을 보낼 때 세상의 무익한 것들에 눈과 귀를 내어주지 말고, 이 책을 벗 삼아 위대한 신앙의 선배가 들려주는 훈계와 권고, 그가 들은 주님의 음성에 귀 기울이시기를 소망합니다.

사람에게서 인정과 위안을 구하지 말고, 우리의 표상(表象)이신 예수 그리스도의 삶을 잠잠히 묵상하고 그분의 가르침을 삶에 적용하며 그분을 본받는 우리가 되기를 소원합니다.

이 책이 십자가의 왕도(王道)로 가도록 격려하는 좋은 벗 되어, 독자 여러분의 신앙생활에 매일 그리스도를 닮아가는 영적 진보가 있기를 간절히 기도드립니다.

규장 여진구 대표

《그리스도를 본받아》는 성경 다음으로 가장 크게 사랑받고 가장 널리 읽히는 책 가운데 하나로, 처음 읽는 독자에게 큰 기대를 불러일으킨다. 우리는 이 책이 말하는 대로 살고 싶고 이 책을 읽을 때 가슴이 두근거린다.

토마스 아 켐피스는 책을 읽고 글을 쓰며 기도하기를 가장 좋아했고 세상적인 것은 입 밖에 내기조차 어려워했으나 하나님에 관해 말할 때면 유창하기 이를 데 없었다.

그는 어느 모임에서 이렇게 말하며 빠져나오기까지 했다. "형제들, 저는 이만 가봐야겠습니다. 제 골방에서 저와 대화하려고 기다리는 분이 계시거든요."

그가 가장 좋아했던 주제는 구원의 신비, 예수 그리스도의 말씀과 그분이 하신 일, 특히 그분의 고난에 나타나는 예수 그리스도의 사랑이었다. 사실, 이 책은 영성에 더없이 초점을 맞춘 책이다.

그러나 사실 이 고전을 처음 읽는 평범한 21세기 독자들은 드러내놓고 말은 안 해도 왜 이 책이 그렇게 대단한 평가를 받는지 속으로 자못 궁금할 듯하다. 이 책은 짜임이 엉성하고 강력한 주장을 전혀 하지 않는 듯 보이며, 결코 얇지도 않아서 두께에 주눅 드는 독자라면 아예 한쪽으로 밀쳐둘지도 모른다.

더욱이 영성훈련을 위한 개별 코스와 프로그램도 유행하고 묵상이 복음주의 그리스도인들 사이에서 갈수록 큰 관심을 끌지만, 정신없이 바쁘게 돌아가는 세상에서 사는 것이 우리의 현실이다.

이러한 세상은 우리에게 많은 것을 요구하며, 보통 사람들이 행하거나 생각하는 것을 거의 희생하고 제 발로 세상에서 물러나 영성을 키우려는 사람을 거의 이해하려 하지 않는다.

그러므로 이 책의 전체적인 흐름과 각 부의 구성 및 주제를 살펴보는 것이 중요하다. 결코 진부하지 않고 시대를 초월해 모든 사람에게 말하는 것들, 특히 이 세대에 필요한 숨은 의미를 파악하는 것이 중요하다.

토마스 아 켐피스의 생애

토마스 아 켐피스의 일생 중 몇몇 부분이 그가 노년에 쓴 여러 전기에서 나타난다. 그는 1397년 또는 1380년에 독일 켐펜(Kempen)에서 장인(匠人)인 아버지 존 헤메르켄(John Haemerken)과 동네 학교 교사인 어머니 헤르트루드(Gertrude) 사이에서 태어나 일생의 대부분을 수도원에서 보냈다.

토마스보다 열네 살 많은 유일한 형제 요한은 네덜란드 데벤터르(Deventer)에 있는 대성당학교(cathedral schools)에 다녔는데, 토마스는 겨우 열세 살 때 학구열에 불타 이 학교를 걸어서 찾아갔다. 그는 당연히 형이 그 학교에 여전히 있을 것으로 생각했지만, 형은 30킬로미터쯤 떨어진 곳에 새로운 공동체를 세우느라 떠나고 없었다.

토마스는 형을 찾아 다시 그곳으로 갔고, 형은 그를 데벤터르 형제들의 지도자에게 소개했다. 이들은 토마스를 보살펴

달라며 어느 경건한 여성에게 맡기고, 그를 교장에게 데려다 주었으며, 첫 학비를 내주었다. 토마스는 데벤터르에서 7년을 보냈는데, 이 시기는 그의 성품에 더없이 큰 영향을 미쳤다.

데벤터르는 헤라르트 흐로테(Gerard Groote)라는 부제(副祭)가 시작한 14세기 부흥운동의 중심이었다. 이 운동은 플로렌티우스 라데베인(Florentius Radewyn)의 넉넉한 후원을 받으며 성장했다.

이 운동에 참여한 사람들은 "공동생활 형제단"(Brothers and Sisters of the Common Life)이라 불렸는데, 개인적 서약은 하지 않았지만 더러는 가정에서, 더러는 공동체를 이루어 최선을 다해 청빈과 순결과 복종의 삶을 살았다.

이들은 구걸할 수 없었고 스스로 일해 생계를 꾸려야 했기에, 흔히 책을 필사하고 사본에 색을 입히며 젊은이들을 가르쳤다. 이렇게 얻은 수입을 공동으로 소유했고 장상(長上)에게 맡겨 관리했다.

형제자매들은 또한 자선을 베풀고 주린 자를 먹이며 노숙자와 병자를 돌보고 교회와 수도원 내부에서 공적 개혁을 독려하기에 힘썼다. 이들은 더 우수한 교육에 대한 비전을 품었기에 독일과 네덜란드 전역에 공동생활 형제단 학교를 열었다. 이 그룹에서 토마스 아 켐피스는 성적이 우수한 학생이자 훌륭한 필사자로 알려졌다.

　1399년 봄, 토마스 아 켐피스는 데벤터르에서 인문학 공부를 마치고 공동생활 형제단을 떠나 즈볼레(Zwolle) 근처의 세인트 아그네스 산(Mount Saint Agnes)에 자리한 어거스틴 수도원에 들어갔다. 형이 앞서 작은 수도원을 세우고 교회를 시작한 이곳에서 1406년에 수련수사(novice)가 되었으며 1413년, 사제 서품을 받고 청빈과 순결과 복종을 맹세했다.

　그는 관리 업무에 관심이 없었던 것이 분명하지만 장상으로 선출되었고, 몸이 아주 쇠약했거나 너무 연로해 계속하지 못할 때까지 이 직무를 수행했던 것으로 보인다. 그는 이 직무를 수행하면서 독실한 젊은이들을 훈련했는데, 짧은 글을 많이 쓰도록 독려하는 것이 그의 소명 중 하나였다.

또한 그는 수도원에 딸린 교회에서 설교를 자주 했으며, 1471년에 세상을 떠날 때까지 필사하고(그는 성경을 네 차례 필사했다), 편지와 찬송과 전기를 쓰며, 상담하고,《그리스도를 본받아》를 저술하는 등, 헌신의 삶을 살았다. 토마스는 마지막 필사 세대를 살았으며, 이 고전은 필사의 산물이다.

그가 묻힌 수도원은 종교개혁 2백 년 후에 파괴되었고, 그의 유해는 쾰른의 주교후(主敎侯, 주교인 동시에 세속 영지를 소유한 영주)에 의해 즈볼레로 옮겨졌다가 지금은 성 미카엘 성당(St. Michael's Church)에 안치되어 있다.

저자에 관한 논란

지금은 이 고전을 토마스 아 켐피스의 작품으로 보지만,《그리스도를 본받아》의 저자를 두고 한때 논란이 있었다. 이 책은 익명으로 세상에 나왔고 여러 필사자가 필사했기 때문에, 그의 형 요한을 비롯해 다양한 영성 저자의 작품으로 여겨졌다.

저자와 관련된 논란은 2백 년 후인 17세기에도 일어났으나, 토마스 아 켐피스가 속했던 수도회 구성원들을 비롯해 큰 권위를 지닌 동시대 증인들이 토마스 아 켐피스를 이 고전의 저자로 지목했다. 이 책은 그의 다른 저작들에 나타나는 문체와 일치하며, 그가 속한 신비주의 진영의 정신과도 일치한다.

본서의 구성과 각 권의 주제

이 책을 구성하는 네 부는 하나하나가 핵심적이고 체계적인 주제를 중심으로 배열되었으며, 각각의 주제를 다음과 같이 요약할 수 있다.

1권 우리는 세상과 그 쾌락에 등을 돌려야 한다.
2권 우리는 맡겨진 모든 일에 기꺼이 헌신해야 한다.

3권 우리는 예수 그리스도께서 주신 고난의 가르침을 명심해야
    한다.
4권 우리는 외적 유혹을 떨쳐버려야 한다.

이 책을 주제를 따라 읽는 외에, 잠언을 읽듯이 읽어도 좋
겠다. 잠언처럼 여전히 지혜롭고 인용할 만하며 놀랍도록 새
롭기 때문이다. 토마스 아 켐피스가 자신의 시대에 쓴 내용이
오늘 우리의 믿음에 관해 알려주는 것에 세밀하게 집중하면
서 한 번에 몇 장씩 읽는 것이 더 좋겠다.

제4권《주님과의 거룩한 하나 됨》에 대하여
짧은 제4권에서는 성찬의 유익을 알려주고, 구체적인 죄 고백
을 비롯해 성찬을 받는 데 동반되어야 하는 훈련을 다루고, 하
나님께 복종하라는 최종 명령으로 끝을 맺는다.
 "하나님은 단순한 사람과 동행하시고, 겸손한 자에게 자신

을 나타내시며, 어린아이들에게 깨달음을 주시고, 순수한 마음에 분별력을 주시며, 호기심 많고 교만한 자에게 은혜를 숨기시기" 때문이다.

이 작품은 긴 데다 같은 내용을 되풀이한다. 그러나 이러한 길이와 되풀이까지도, 오늘 우리가 말하듯이, 자신의 문화가 "알지" 못한다는 그의 고뇌 어린 이해를 반영한다고 보아야 한다(우리의 문화는 두말할 필요도 없다).

사람들은 현혹되지 않는 삶을 사는 것이 긴급하다는 생각을 거의 하지 않는다. 사람들은 그리스도께서 가르치신 대로 그리스도인으로 사는 데 무엇이 필요한지 거의 알지 못한다. 사람들은 하루하루를 선하게 살기보다 기분 좋게 살려고 하고, 하나님을 알기보다 뭔가 영적인 느낌을 찾으려 한다.

로잘리 드 로제(Rosalie De Rosset)

성찬에 관한 권면

주님의 말씀

주님이 말씀하신다.

"수고하고 무거운 짐 진 자들아 다 내게로 오라

내가 너희를 쉬게 하리라"(마 11:28)

"내가 줄 떡은 곧 세상의 생명을 위한 내 살이니라"(요 6:51)

"받아서 먹으라 이것은 내 몸이니라"(마 26:26)

"이것을 행하여 나를 기념하라"(고전 11:24)

"내 살을 먹고 내 피를 마시는 자는 내 안에 거하고

나도 그의 안에 거하나니"(요 6:56)

"내가 너희에게 이른 말은 영이요 생명이라"(요 6:63)

발행인의 글

편집자의 글

차례

묵상과 적용

01 CHAPTER

얼마나 큰 경외심을 품고
그리스도를 받아야 하는가

┌─1─┐ 제자의 말

영원한 진리이신 그리스도시여, 이것은 한 번에 하신 말씀도
아니고 한 곳에 기록된 말씀도 아니지만, 당신의 말씀입니다.
이것이 당신의 말씀이고 참된 말씀이기에, 제가 감사하며 신
실하게 이 말씀을 받아들입니다.

　이것은 당신의 말씀이며, 당신이 하신 말씀입니다. 이것은
저를 위한 말씀이기도 합니다. 주님이 저의 구원을 위해 이 말
씀을 하셨기 때문입니다.

　저는 주님의 입에서 나온 말씀을 즐겁게 받아들이며, 이 말
씀이 제 마음 깊이 박히기를 원합니다. 더없이 은혜로운 말씀,
더없이 달콤하고 사랑스러운 말씀이 제게 용기를 줍니다.

그러나 저의 허물이 저를 낙담시키고, 깨끗하지 못한 양심은 제가 더없이 큰 신비를 받지 못하게 막습니다. 달콤한 주님의 말씀이 제게 용기를 주지만 저의 숱한 죄가 저를 짓누릅니다.

2 주님은 제게 명하십니다. 주님과 함께하고 싶다면 확신을 지니도록 주님에게 나아오고, 영원한 생명과 영광을 얻고 싶다면 불멸의 양식을 받으라고 명하십니다.

주님은 이렇게 말씀하십니다. "수고하고 무거운 짐 진 자들아 다 내게로 오라 내가 너희를 쉬게 하리라"(마 11:28).

나의 주 하나님, 주님이 더없이 거룩한 몸에 참여하라며 가난하고 궁핍한 자를 초대하신다니, 죄인의 귀에 얼마나 달콤하고 사랑스러운 말씀인지요!

주님, 그러나 제가 누구기에 감히 주님에게 나아가겠습니까? 보소서. 하늘의 하늘도 주님을 담지 못하는데, 주님은 "다 내게로 오라" 말씀하십니다.

3 이처럼 더없이 자애로운 겸양과 더없이 사랑스러운 초대가 도대체 무슨 뜻입니까? 제 안에 선한 것이라고는 하나도 없음을 아는데, 어찌 제가 감히 주께 나아가겠습니까?

천사들과 천사장들이 주님을 경외하고 성도들과 의인들이 주님을 경외하는데, 어떻게 주님은 "다 내게로 오라" 하십니까? 주님, 주님이 이렇게 말씀하지 않으셨다면 누가 이것이 사실이라고 믿겠습니까? 주님이 이렇게 명하지 않으셨다면 누가 [당신께] 가까이 나아가려 할 수 있겠습니까?

보소서. 의인 노아는 겨우 몇몇과 함께 구원받으려고 백 년 동안 땀 흘려 방주를 지었습니다(창 6:3). 그런데 어떻게 제가 겨우 한 시간 준비하여 경외심을 품고 세상을 창조하신 분을 받을 수 있겠습니까?

┌─ 4 ─┐ 주님의 위대한 종이요 특별한 친구였던 모세는 율법을 기록한 판을 보관하려고 부패하지 않는 나무로 법궤를 만들어 순금으로 입혔습니다(출 25:10-16). 그런데 부패한 피조물인 제가 어떻게 감히 율법을 만드신 분이요 생명을 주시는 분을 태연하게 받겠습니까?

이스라엘의 왕 중 가장 지혜로웠던 솔로몬은 주님의 이름을 찬양하려고 웅장한 성전을 7년간 지었습니다(왕상 6:38). 그는 또한 8일 동안 낙성식을 거행했고, 일천 번제를 드렸으며, 나팔을 불고 크게 기뻐하면서 언약궤를 준비된 곳에 엄숙히 안치했습니다(왕상 8장).

그런데 사람들 중에 가장 볼품없고 초라한 제가, 반 시간도 진실하게 기도하지 못하는 제가 어떻게 주님을 저의 집에 모실 수 있겠습니까? 제가 한 번이라도 반 시간 정도를 가치 있고 합당하게 보낼 수 있으면 좋겠습니다.

5 나의 하나님, 이들은 주님을 기쁘게 하려고 얼마나 열심히 연구하고 노력했는지 모릅니다! 그런데 제가 하는 일은 얼마나 하찮은지요! 제가 성찬을 받으려고 준비하는 시간이 얼마나 짧은지요!

저는 온전히 집중할 때가 드물고, 온갖 잡생각을 버릴 때가 아주 드뭅니다. 생명을 주시는 하나님 앞에서는 그 어떤 잡생각도 끼어들어서는 안 되는 것이 분명합니다.

또한 저는 그 어떤 피조물에도 마음을 빼앗겨서는 안 됩니다. 제가 곧 모실 분은 천사가 아니라 천사들의 주님이시기 때문입니다.

6 그러나 성물이 보관된 언약궤는 이루 말할 수 없는 덕을 지니신 주님의 더없이 순결한 몸과 엄청나게 다르며, 장차올 것들의 모형인 율법의 제사는 모든 옛 제사의 완성, 곧 주님이 몸으로 드리신 제사와 크게 다릅니다.

이것은 당신의 말씀이며, 당신이 하신 말씀입니다
저는 주님의 입에서 나온 말씀을 즐겁게 받아들이며,
이 말씀이 제 마음 깊이 박히기를 원합니다

그런데 왜 저는 주님의 놀라운 임재를 더 뜨겁게, 열심히 구하지 않을까요? 왜 저는 주님의 거룩한 것들을 받기를 더 갈망하며 준비하지 않는지요? 거룩한 옛 족장들과 선지자들, 왕들과 방백들도 온 백성과 함께 주님을 예배하는 일에 뜨겁게 헌신했는데 말입니다.

⌐7⌐ 더없이 신실했던 다윗왕은 과거에 선조들에게 베푸신 은택을 떠올리며 하나님의 법궤 앞에서 힘을 다해 춤을 추었습니다(삼하 6:14). 다양한 악기를 만들고, 시를 지어 사람들이 기쁨으로 부르게 했습니다. 성령의 은혜에 감동해 직접 비파에 맞춰 노래도 자주 했습니다. 이스라엘 백성에게 온 마음을 다해 하나님을 찬양하고 날마다 한목소리로 하나님을 송축하고 찬양하라고 가르쳤습니다.

그 옛날, 언약궤 앞에서 이렇게 큰 신앙을 표현하고 하나님을 뜨겁게 찬양했다면, 성찬이 거행되고 더없이 귀한 그리스도의 몸을 받을 때 저를 비롯해 모든 그리스도인이 경외심과 신앙을 보여야 마땅합니다.

⌐8⌐ 많은 사람이 세상을 떠난 성인들의 성물을 보겠다고 여러 곳으로 달려가 그들의 행적을 듣고, 경탄을 금치 못하고,

그들을 안치한 웅장한 건물에 경외심을 느끼며, 비단과 금으로 싸인 그들의 거룩한 유골에 입을 맞춥니다.

그러나 보소서. 성인들의 성인이요 만물의 창조자요 천사들의 주님이신 나의 하나님이 이곳 주님의 제단에 저와 함께 계십니다.

흔히 사람들은 새로운 것에 대한 호기심에 끌려서 성인들의 유물을 찾지만, 그들이 달라져서 집으로 돌아오는 경우는 거의 또는 전혀 없습니다. 특히, 진정으로 회개하는 마음 없이 그저 가벼운 마음으로 이곳저곳을 돌아다닐 때 그렇습니다.

그러나 여기 성찬에 나의 하나님, 인간이신 예수 그리스도께서 온전히 계십니다. 여기서 합당하게 믿음으로 받는 모든 자에게 영원한 구원의 풍성한 열매가 주어집니다.

사람들을 이곳으로 이끄는 것은 경박함이나 호기심이나 감상이 아니라 확고한 믿음과 경건한 소망과 진실한 사랑입니다.

9 세상을 지으신 보이지 않는 창조자 하나님, 당신이 우리를 얼마나 놀랍게 대하시는지요! 주님이 택하신 자들, 즉 주님이 성찬에서 자신을 주셔서 받게 하시는 자들에게 행하시는 모든 일이 얼마나 은혜로운지요!

이것은 진실로 모든 이해를 뛰어넘습니다. 특별히 경건한 자들의 마음을 끌고, 그들의 사랑에 불을 붙입니다. 주께 속한 참으로 신실한 사람들, 자신의 온 삶을 고치려는 사람들까지 더없이 귀한 성찬을 통해 신앙이 깊어지고 덕을 사랑하게 되는 큰 은혜를 자주 받습니다.

10 성찬에 놀라운 은혜가 숨어 있습니다. 그러나 이 은혜는 오직 그리스도를 믿는 자들만 알 뿐, 믿지 않는 자들과 죄의 노예로 살아가는 자들은 경험하지 못합니다.

성찬을 통해 영적 은혜가 부어지고, 영혼이 잃었던 힘을 회복하며, 죄로 망가진 아름다움이 회복됩니다. 때로 이 은혜가 어찌나 큰지, 여기서 얻는 충만한 믿음을 통해 마음뿐 아니라 연약한 몸까지 큰 힘을 얻는 것을 느낍니다.

11 그런데도 저희가 구원받을 모든 사람의 소망이요 상급이신 그리스도를 받는 데 더 큰 열심을 내지 못하며 냉담하고 무관심한 것은 참으로 안타깝고 슬픕니다.

그분은 저희의 성화(聖化)요 구원이며, 이 땅에서 나그네로 살아가는 자들의 위로이고, 성도들의 영원한 열매이시기 때문입니다.

그러므로 많은 사람이 하늘에서 기쁨을 주고 온 세상을 보전하는 이 구원의 신비를 거의 생각지 않는 것은 참으로 탄식할 일입니다. 말로 표현할 수 없는 이 선물을 더 귀하게 여기지 않고, 날마다 대하다 보니 하찮게 여기거나 아무것도 아니라고 여기는 자의 마음은 얼마나 몽매하고 강퍅한지요!

┌ 12 ┐ 더없이 거룩한 성찬을 세상에서 단 한 곳에서, 단 한 명의 성직자가 집전한다면 사람들이 이 거룩한 신비의 의식을 직접 보려고 얼마나 열심히 그곳으로, 하나님의 성직자에게 달려가려 하겠습니까?

그러나 성직자를 많이 세우고 많은 곳에서 그리스도를 나누는 것은 사람을 향한 하나님의 은혜와 사랑이 훨씬 잘 드러나고 성찬이 세상에 더 널리 퍼지게 하기 위해서입니다.

영원한 목자이신 자비로운 예수님, 가난하고 추방당한 저희에게 당신의 귀한 몸과 피로 새 힘을 주시려고 "수고하고 무거운 짐 진 자들아 다 내게로 오라 내가 너희를 쉬게 하리라"라는 말씀으로 친히 저희를 초대해 이 신비에 참여하게 하시니 감사합니다.

성찬을 통해 영적 은혜가 부어지고, 영혼이 잃었던 힘을
회복하며, 죄로 망가진 아름다움이 회복됩니다

02 CHAPTER

하나님의 큰 사랑과 선하심이
성찬에서 나타난다

☐ 1 ☐ 제자의 말

주님, 주님의 선하심과 큰 자비를 확신하며 주께 나아갑니다.
병자가 치료자에게 가듯, 주리고 목마른 자가 생명의 샘에 가
듯, 궁핍하고 불쌍한 자가 하늘의 왕에게 가듯, 종이 그 주인
에게 가듯, 피조물이 창조자에게 가듯, 쓸쓸한 영혼이 자신의
온유한 위로자에게 가듯 제가 주께 나아갑니다.

   그런데 주님이 제게 오시다니 어찌 된 일입니까(눅 1:43)?
제가 누구이기에 주님이 자신을 제게 주신다는 것입니까? 죄
인이 감히 어떻게 주님 앞에 나서겠습니까? 어떻게 주님이 죄
인에게 오신단 말입니까?

그리스도를 본받아 4

주님은 주님의 종을 알고, 주님의 종에게 선한 것이 전혀 없다는 것도 아십니다. 그런데도 주님은 제게 이 은혜를 베푸십니다. 그러므로 저는 자격이 없음을 고백하고, 주님의 선하심을 인정하며, 주님의 온유한 자비를 찬양하고, 이로 인해 주님의 초월적인 사랑에 감사드립니다.

제게 어떤 공로가 있기 때문이 아니라 주님이 주님 자신을 위해 이렇게 하십니다. 주님의 선하심이 제게 더 잘 알려지고, 주님의 사랑이 더 풍성하게 부어지며, 주님의 아름다운 겸손이 더 뚜렷하게 드러나게 하기 위해서입니다.

이것이 주님의 기쁨이며, 주님이 이렇게 되도록 명하셨기에 이러한 주님의 겸비(謙卑)하심이 제게도 기쁨이며, 저의 죄악이 여기에 방해되지 않을 것입니다!

┌─── 2 ───┐ 더없이 다정하고 자애로운 예수님, 그 고귀함을 그 어떤 유한한 인간도 표현할 수 없는 당신의 거룩한 몸을 저희가 받았으니, 당신은 크나큰 경외와 감사를 받기에 합당하십니다.

그러나 나의 주님에게 합당한 존귀를 돌려드릴 수 없는데도 주님을 진심으로 받고 싶은 마음을 누를 길 없으니, 이 성찬에서 나의 주님에게 나아갈 때 저희가 무엇을 생각해야 하겠습니까?

제가 주님 앞에 자신을 지극히 낮추고, 주님의 무한한 선하심을 저보다 높이는 것 외에 더 낮고 더 유익한 것을 생각할 수 있겠습니까? 나의 하나님, 주님을 찬양하며 영원히 주님을 높이겠습니다. 저를 멸시하고, 주님 앞에서 저를 더없이 무가치하게 여기겠습니다.

보소서, 주님은 거룩한 자 중의 거룩한 자이시며 저는 죄인 중의 죄인입니다! 보소서, 주님은 주님을 처다볼 자격도 없는 제게 몸을 구푸리십니다. 보소서, 주님이 제게 오십니다. 저와 함께하시는 것이 주님의 뜻입니다. 주님이 저를 주님의 잔치에 초대하십니다.

주님은 제게 하늘 양식과 천사들의 떡을 주셔서 먹게 하려 하시는데(시 78:25 ; 요 6:33), 이 떡은 생명의 떡, 곧 하늘에서 내려와 세상에 생명을 주는 생명의 떡이신 주님 자신입니다.

┌ 3 ┐ 보소서. 이 사랑이 어디서 오는지요! 주님의 아름다운 겸비가 얼마나 빛나는지요! 이러한 은택에 대해 주님에게 얼마나 큰 감사와 찬양이 합당하겠는지요!

주님이 성찬을 제정하셨을 때, 주님의 계획이 얼마나 선하고 유익했는지요! 주님이 자신을 저희의 양식으로 주실 때, 그것이 얼마나 달콤하고 유쾌한 잔치인지요!

주님, 주님이 이렇게 하심이 너무나 놀랍고, 주님의 능력이 너무나 크며, 주님의 은혜가 형언할 수 없습니다! 주님이 말씀으로 만물을 지으셨고(창 1장 ; 시 148:5), 이것이 주님이 명하신 대로 이루어졌기 때문입니다.

┌ 4 ┐ 나의 주 하나님, 참 하나님이요 참사람이신 주님이 작은 떡과 포도주를 통해 자신을 저희에게 온전히 주시고 이것으로 저희의 무한한 양식이 된다 하시니, 참으로 놀랍고 온전히 믿을 만하며 사람의 이해를 초월하는 일입니다.

만물의 주인이요 전혀 부족함이 없으신 주님(시 16:2)이 성찬을 통해 저희 안에 거하기를 기뻐하십니다.

제 마음과 몸을 흠 없이 지켜주시어 주님의 영광을 위해, 끊임없이 주님을 기념하게 하시려고 당신이 특별히 제정하신 신비에 제가 자주 참여하고 영원한 건강을 얻게 하소서.

┌ 5 ┐ 내 영혼아, 하나님께서 눈물 골짜기를 지나는 나에게 너무도 고귀한 선물과 너무도 값진 위로를 주셨으니, 기뻐하고 하나님께 감사하라. 네가 이 신비를 자주 되새기고 그리스도의 몸을 받을수록 네 구원을 더욱 돌아보고 그리스도의 모든 공로에 참여하기 때문이다.

주님이 제게 오시다니 어찌 된 일입니까?
제가 누구이기에 주님이 자신을 제게 주신다는 것입니까?

그리스도의 사랑은 결코 줄어들지 않으며, 그분이 이루신 위대한 화해도 그 효과가 결코 없어지지 않기 때문이다.

그러므로 너는 늘 마음을 새롭게 함으로써 성찬을 위해 자신을 준비하고 네가 받은 구원의 큰 신비를 깊이 묵상해야 한다. 네가 이 거룩한 신비를 거행하거나 여기에 참여할 때, 이것이 네게 더없이 크고 새로우며 즐거워 보여야 한다.

마치 바로 이날 그리스도께서 처음 동정녀의 배 속에 내려와 사람이 되셨거나, 바로 이날 십자가에 달려 인류의 구원을 위해 고난을 받고 돌아가신 것처럼.

03 CHAPTER

성찬에 자주 참여하는 것이
유익하다

┌─┐
│ 1 │ 제자의 말
└─┘

보소서, 주님. 주님의 선물로 위로를 받으려고 제가 주께 나옵
니다. 주님이 자신의 선하심을 따라 가난한 자들을 위해 준비
하신(시 68:10) 거룩한 잔치에서 기쁨을 얻으려고 주께 나옵
니다.

보소서. 제가 바랄 수 있거나 바라야 할 모든 것이 주님에
게 있습니다. 주님은 저의 구원이요 구속(救贖)이고, 저의 소
망이요 힘이며, 저의 존귀요 영광이십니다.

그러므로 주 예수님, 제 영혼이 주님을 우러러보오니, 오늘
주님의 종의 영혼을 기쁘게 하소서(시 86:4).

제가 지금 경건하고 경외하는 마음으로 주님을 받기 원합

니다. 제가 삭개오처럼 주님에게 복을 받고 아브라함의 자녀에 속할 수 있도록 주님을 저의 집에 모시기를 갈망합니다. 제 영혼이 주님의 몸을 받기를 갈망하고, 제 마음이 주님과 연합하기를 원합니다.

2 주님을 제게 주소서. 그것으로 충분합니다. 주님이 계시지 않으면 그 어떤 위로도 소용없기 때문입니다. 주님이 계시지 않으면 저는 존재할 수 없고, 주님이 찾아오지 않으시면 저는 살아갈 수도 없습니다.

그러므로 저는 하늘 양식을 먹지 못해 도중에 쓰러지지 않도록 자주 주께 가까이 나아가 제 영혼의 건강을 위해 주님을 받아야 합니다.

더없이 자비로운 예수님, 그래서 주님은 언젠가 사람들을 가르치고 여러 질병을 치료하면서 이렇게 말씀하셨습니다. "그들이… 길에서 기진할까 하여 굶겨 보내지 못하겠노라"(마 15:32 ; 막 8:3).

주님은 믿는 자들을 위로하려고 성찬에 자신을 남겨두기로 하셨으니, 지금 저도 그렇게 대하여주소서. 주님은 영혼을 회복시키는 달콤한 양식이시기 때문입니다. 주님을 합당하게 먹는 자는 영원한 영광에 참여하고 그 영광을 상속할 것입니다.

저처럼 너무나 자주 잘못과 죄에 빠지고 너무나 금세 둔감하고 무기력해지는 사람은 자주 기도하고 죄를 고백하며 주님의 거룩한 몸을 받아 자신을 새롭게 하고 씻으며 뜨겁게 해야 합니다. 오래도록 이렇게 하지 않으면 저의 거룩한 목적에서 멀어지게 될 것입니다.

[3] 사람의 생각은 어려서부터 악으로 잘 기울기 때문에(창 8:21), 하나님의 치료 약을 통해 도움을 받지 않으면 금세 더 나빠집니다. 그러므로 성찬은 악을 멀리하게 하고 선을 행하도록 힘을 줍니다.

만약 제가 성찬을 거행할 때나 성찬에 참여할 때 무관심하고 냉랭하기 일쑤라면, 제가 이 치료 약을 받지 않고 그렇게 큰 도움을 구하지도 않는다면 어떻게 되겠습니까?

저는 매일같이 성찬에 참여하기에 합당하지도 않고 준비도 잘 되어 있지 않지만, 그렇더라도 때가 되면 하나님의 신비를 받고 더없이 큰 은혜에 참여하려 노력할 것입니다.

신실한 영혼들이 죽을 몸에 거하는 동안 주님과 떨어져 있더라도, 자신의 하나님을 자주 생각하고 자신이 사랑하는 분을 경건한 마음으로 받아들일 때 성찬은 이들에게 큰 위로가 되기 때문입니다.

주님을 합당하게 먹는 자는 영원한 영광에 참여하고
그 영광을 상속할 것입니다

4 주님의 온유한 자비가 저희에게 내려오다니, 주 하나님께서 가난한 영혼을 찾아와 당신의 온전한 신성과 인성으로 주린 영혼을 먹이시다니, 이 얼마나 놀라운 일인지요!

자신들의 주 하나님을 경건한 사랑으로 받고, 또한 주님을 받음으로 영적 기쁨이 충만해지는 특권을 누리는 마음은 얼마나 행복하며 그런 영혼은 얼마나 복된지요!

이들이 얼마나 크신 주님을 환대하는지요! 이들이 얼마나 사랑스러운 손님을 맞이하는지요! 이들이 얼마나 즐거운 동반자를 받는지요! 이들이 얼마나 신실한 친구를 환영하는지요! 이들이 얼마나 사랑스럽고 고귀한 동반자를 포옹하는지요!

사랑받는 그 누구보다 더 사랑받아야 하고, 갈망하는 그 무엇보다 더 갈망해야 하는 분을 그렇게 하는 것입니다.

더없이 달콤하고 더없이 사랑스러운 주님, 하늘과 땅과 그 안에 있는 모든 것이 주님 앞에서 침묵하게 하소서. 이것들이 그 어떤 찬양을 받고 그 어떤 아름다움을 가졌더라도 그 모두는 주님이 자신을 더없이 낮추신 데서 비롯되었으며, 지혜가 무한한 주님의 이름에 담긴 은혜와 아름다움에는 결코 비길 수 없기 때문입니다(시 147:5).

04 CHAPTER

성찬에 경건하게 참여하는 자들에게
많은 유익이 있다

[1] 제자의 말

주 나의 하나님, 주님의 종에게 주님의 아름다운 복을 주시어
(시 21:3) 제가 주님의 영광스러운 성찬에 합당하고 경건하게
나아가게 하소서. 주님을 향해 제 마음을 휘저으시고 저를 모
든 둔감함에서 건져내소서. 주님의 구원으로 저를 찾아오셔
서(시 106:4) 제가 샘처럼 성찬에 풍성히 숨어 있는 주님의 달
콤함을 영으로 맛보게 하소서.

　제 눈을 열어 더없이 큰 신비를 보게 하시고, 제게 의심하
지 않는 믿음을 주셔서 이것을 믿게 하소서. 이것은 사람의 능
력이 아니라 주님의 일이며, 사람이 고안해낸 것이 아니라 주
님의 거룩한 제도이기 때문입니다.

이러한 것들은 천사들의 정교한 솜씨까지 초월하기에 사람이 혼자 이해하거나 깨달을 수 없습니다. 그렇다면 무가치한 죄인이요 티끌과 재에 지나지 않는 제가 이토록 높고 거룩한 신비를 얼마나 탐구하고 이해할 수 있겠습니까?

2   주님, 단순한 마음과 선하고 확고한 믿음으로 주님의 명령에 순종하여 소망과 경외심을 품고 주께 가까이 나아갑니다. 그리고 하나님이요 사람이신 주님이 이 성찬에 계심을 진정으로 믿습니다.

주님의 뜻은 제가 주님을 받고 사랑으로 주님과 연합하는 것입니다. 그래서 제가 사랑으로 온전히 녹아 주님에게 흘러들고, 이후로 결코 그 어떤 외적 위로도 제게 들어오지 못하도록 주님의 자비를 구하고 주님의 특별한 은혜를 갈망합니다.

지극히 높고 귀한 성찬이 영과 몸의 건강이며 모든 영적 피로의 치료제이기 때문입니다. 이것이 저의 악을 치료하고, 저의 정욕에 재갈을 물리며, 저로 시험을 이기게 하거나 그 시험이 적어도 약해지게 합니다. 또한 더 큰 은혜가 임하게 하고, 덕이 커지기 시작하며 믿음이 견고해지게 하고, 소망이 강해지게 하며, 사랑이 불붙고 커지게 합니다.

3 제 영혼의 보호자, 연약한 인간에게 힘 주시는 분, 모든 내적 위로를 주시는 나의 하나님이시여, 주님은 성찬에 경건하게 참여하는 주님의 사랑받는 자들에게 많은 은택을 베푸셨고 지금도 자주 베푸십니다.

주님은 많은 환난을 겪는 자들에게 큰 위로를 주시고, 깊은 낙담에 빠진 이들을 건져내어 주님의 보호 아래 소망을 갖게 하시며, 새로운 은혜로 이들의 내면을 새롭게 하고 밝게 비추십니다.

그리하여 처음에는 자신이 불안과 냉담으로 가득하다고 느꼈던 자들이 성찬 후에는 하늘 양식과 음료를 통해 활력을 회복하고 더 나은 쪽으로 변화된 것을 깨닫게 하십니다.

주님이 택함 받은 자들을 이렇게 대하심은 이들로 자신들이 얼마나 연약하며 주님에게 받은 선과 은혜가 얼마나 큰지를 분명히 인정하게 하시려는 것입니다. 이들 자신은 냉랭하고 둔하며 경건하지도 않지만, 주님을 통해 뜨겁고 즐거워지며 헌신으로 가득해지기 때문입니다.

달콤한 샘에 겸손하게 나아갔다가 달콤함을 조금이라도 맛보지 않고 돌아가는 사람이 있겠습니까? 또는 큰불 곁에 서 있는데 그 열기를 조금도 받지 않는 사람이 있겠습니까?

주님은 언제나 차고 넘치는 샘이요, 늘 타오르며 결코 꺼지지 않는 불이십니다(사 12:3 ; 레 6:13).

[4] 그러므로 설령 차고 넘치는 샘에서 물을 길어 실컷 마시는 것이 허용되지 않더라도, 저는 제 입술을 이 하늘의 수도관에 대고 몇 방울이라도 받아 마심으로써 저의 갈증을 해소하고 제가 완전히 말라붙지 않게 하겠습니다.

저는 아직 그룹(cherubim)과 스랍(seraphim)처럼 완전히 천상의 존재가 될 수 없고 그들처럼 불타오를 수 없습니다. 그렇더라도 생명을 주는 성찬을 겸손히 받음으로써 하나님의 불길에서 작은 불씨라도 받을 수 있다면 경건에 열심을 내고 제 마음을 힘써 준비하겠습니다.

지극히 거룩한 구원자이신 자비로운 예수님, 주님은 "수고하고 무거운 짐 진 자들아 다 내게로 오라 내가 너희를 쉬게 하리라"(마 11:28)라는 말씀으로 저희 모두를 주님에게 부르셨고, 풍성하고 은혜롭게 제게 공급하십니다.

[5] 저는 실제로 이마에 땀이 흐르도록 수고하고(창 3:19), 마음의 슬픔으로 괴로워하고, 죄에 짓눌리고 유혹에 시달리며, 수많은 악한 욕망에 사로잡히고 억눌립니다.

그리스도를 본받아 4

주님은 많은 환난을 겪는 자들에게 큰 위로를 주시고,
깊은 낙담에 빠진 이들이 소망을 갖게 하시며,
새로운 은혜로 이들의 내면을 새롭게 하고 밝게 비추십니다 나의 구주이신 주 하나님, 주님 외에는 저를 도울 자가 없고 저를 구원할 자도 없습니다. 그러므로 제가 주님을 의지하며 저의 모든 것을 주께 맡기오니, 저를 늘 살피시고 저를 안전하게 영생으로 인도하소서.

주님이 자신의 몸과 피를 저의 양식과 음료로 준비하셨으니, 주님의 이름이 존귀와 영광을 얻도록 저를 받으소서. 나의 구주이신 주 하나님, 주님의 신비에 자주 참여함으로써 제 신앙의 열정이 자라며 커지게 하소서.

05 CHAPTER

성찬의 존엄과
집전자의 역할에 관하여

[1] 사랑하는 주님의 말씀

너에게 천사의 순결(마 18:10)과 세례 요한의 거룩함이 없다
면 너는 성찬을 받거나 행할 자격이 없다. 사람이 그리스도
의 성찬을 거룩하게 구별하고 집전하며 천사들의 떡을 양식
으로 받는 일은 사람의 공로에 속한 것이 아니기 때문이다(시
78:25). 이것은 거대한 신비이다.

그리고 성직자들이 참으로 존귀한 것은 천사들에게도 허락
되지 않은 일을 허락받았기 때문이다. 오직 교회에서 정식으
로 임명된 성직자들만 성례를 집전하고 그리스도의 몸을 성
별할 권한을 갖기 때문이다.

성직자는 참으로 하나님의 일꾼으로 하나님의 명령과 지시에 따라 하나님의 말씀을 사용한다. 그러나 본래 만물의 창조자요 보이지 않게 일하시는 하나님이 거기 계시며, 만물은 그분의 뜻에 복종하고 그분의 모든 명령에 순종한다(창 1장 ; 시 49:7 ; 롬 9:20).

2 그러므로 너는 지극히 존귀한 성찬에서 자기 자신의 감각이나 눈에 보이는 그 어떤 표징이 아니라 전능하신 하나님을 믿어야 한다.

너는 이 거룩한 일에 두려움과 떨림으로 참여해야 한다. 너 자신을 세밀히 살피고(딤전 4:16), 감독의 안수로 네게 맡겨진 사역이 무엇인지 보라.

보아라. 너는 성직자가 되었고 주님의 성찬을 집전하도록 성별 되었다. 그러니 이제 하나님께 성실하고 경건하게 그리스도인의 제물을 드리며, 적절하게 기회가 있을 때마다 그렇게 행동함으로써 책망받을 일이 없게 하라. 네 짐이 가벼워진 것이 아니다. 도리어 너는 더 엄격한 규율에 매이며 더 거룩해져야 한다.

성직자는 온갖 은혜를 베풀고 선한 삶의 모범을 보여야 한다. 성직자의 삶과 행동(빌 3:20)은 사람들이 보이는 대중적이고 일반적인 수준에 머물러서는 안 되고 하늘의 천사들이나 땅의 온전한 사람들이 보이는 수준에 이르러야 한다.

┌ 3 ┐ 거룩한 옷을 입은 성직자는 모든 간구와 겸손으로 자신과 모든 사람을 위해 하나님께 구하는 그리스도의 대리인이다(히 5:3). 그는 은혜와 자비를 얻기까지 기도와 거룩한 의무를 그쳐서는 안 된다.

성직자는 성찬을 거행할 때 하나님을 높이고 천사들을 즐겁게 하고 교회를 세우며, 살아 있는 자들을 돕고 죽은 자들을 기억하고 모든 선한 일에 참여한다.

06 CHAPTER

성찬에 참여하기 전에 필요한
영적 훈련에 관한 질문

주님, 주님의 존귀함과 저의 비천함을 생각하면 더없이 떨리고 당혹스럽습니다. 제가 주님에게 나아오지 않으면 생명을 피해 도망치는 것이고, 합당치 않게 주님에게 나아오면 주님을 노엽게 하는 것이기 때문입니다.

　모든 곤경에서 저의 도움이 되시며 조언자이신 나의 하나님, 그러면 제가 어떻게 해야 합니까?

[2] 제게 바른길을 가르치시고, 성찬에 맞는 짧은 훈련을 일러주십시오.

　주님을 받기 위해, 주님의 성찬을 유익하게 받기 위해, 더없이 크고 거룩한 제사를 드리기 위해, 어떻게 경외심과 경건함으로 저의 마음을 준비해야 하는지를 아는 것이 저에게 유익하기 때문입니다.

양심을 살피며 삶을 고치고
거룩해지도록 노력하라

1 사랑하는 주님의 말씀

하나님의 성직자는 성찬을 집전하거나 받으러 올 때 무엇보다도 더없이 겸손한 마음과 경건한 간구, 온전한 믿음, 하나님을 높이려는 신실한 태도로 나아와야 한다.

네 양심을 부지런히 살피고 네 힘을 다해 진실한 회개와 겸손한 고백으로 네 양심을 정결하게 씻어서, 아무것도 네게 짐이 되거나 네 양심에 가책을 일으키거나 네가 은혜의 보좌에 자유롭게 나아가는 것을 막지 못하게 하라.

네 모든 죄를 전체적으로 슬퍼하고 네가 날마다 짓는 죄에 대해 구체적으로 애통하며 탄식하라.

시간이 있으면, 너의 무질서한 욕망에서 비롯된 모든 비참한 악을 네 마음의 은밀한 곳에서 하나님께 고백하라.

┌─┐ 네가 여전히 매우 육신적이고 세상적이며, 정욕이 전혀
│ 2 │
└─┘ 죽지 않았고, 꿈틀대는 세상 욕망으로 가득한 것을 탄식하며
슬퍼하라. 네가 외적 감각에 대한 경계를 너무 늦추어 온갖 망
상에 자주 사로잡히기 일쑤인 것을 탄식하며 슬퍼하라.

외적인 것들에 심하게 치우쳐 내면을 아주 소홀히 하는 것
을 슬퍼하며 탄식하라.

네가 웃고 즐기기를 심히 좋아하여, 울며 통회할 마음을 크
게 잃어버린 것을 슬퍼하며 탄식하라. 네가 육신의 편안함과
쾌락에는 아주 재빠르면서도 정작 엄격하고 열정적인 삶에는
더없이 무딘 것을 슬퍼하며 탄식하라.

네가 새로운 소식을 듣고 멋진 광경을 보려는 호기심은 아
주 강하면서도 정작 비천하고 낮은 것을 품는 데는 더없이 꾸
물대는 것을 슬퍼하며 탄식하라. 네가 풍성함을 크게 탐하면
서도 정작 베푸는 데는 아주 인색하고 자기 것을 심히 움켜쥐
는 것을 슬퍼하며 탄식하라.

네가 아주 분별없이 말하고 전혀 침묵하지 못하는 것을 슬
퍼하며 탄식하라. 너의 태도가 아주 단정하지 못하고 너의 행
동이 심히 조급한 것을 슬퍼하며 탄식하라.

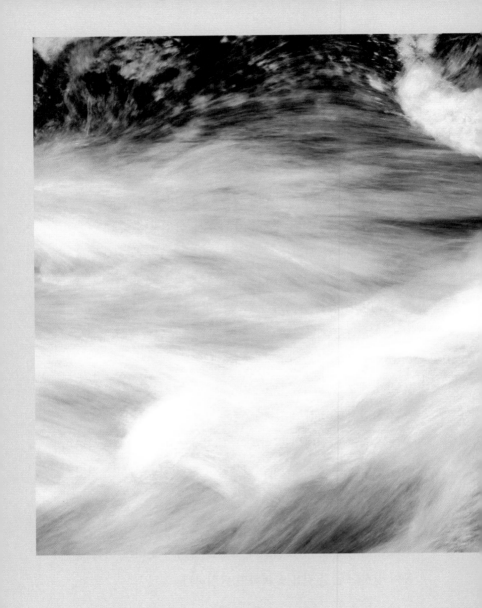

네가 갑자기 화내고 툭하면 사람들의 마음을 상하게 하는 것을 슬퍼하며 탄식하라
네가 성급하게 판단하고 매우 심하게 꾸짖는 것을 슬퍼하며 탄식하라
네가 형통할 때는 아주 기뻐하지만 역경이 닥칠 때는 쉽게 약해지는 것을 슬퍼하며 탄식하라
네가 선한 결심은 매우 자주 하지만 결과는 아주 형편없는 것을 슬퍼하며 탄식하라

네가 먹는 것을 전혀 절제하지 못하고 하나님의 말씀에 완전히 귀를 막는 것을 슬퍼하며 탄식하라. 네가 쉬는 데는 빠르고 일하는 데는 느린 것을 슬퍼하며 탄식하라.

네가 험담을 들을 때는 잠이 번쩍 깨지만 거룩한 예배 때는 졸음을 이기지 못하는 것을 슬퍼하며 탄식하라. 네가 거룩한 예배는 얼른 끝나기를 바라면서 예배 중에 전혀 집중하지 못하고 딴생각하는 것을 슬퍼하며 탄식하라.

네가 기도를 아주 소홀히 하고, 성찬을 행할 때 도무지 열정이 없으며, 성찬을 받을 때도 너무 냉랭한 것을 슬퍼하며 탄식하라. 네가 금세 산만해지고 좀처럼 온전히 집중하지 못하는 것을 슬퍼하며 탄식하라.

네가 갑자기 화내고 툭하면 사람들의 마음을 상하게 하는 것을 슬퍼하며 탄식하라. 네가 성급하게 판단하고 매우 심하게 꾸짖는 것을 슬퍼하며 탄식하라.

네가 형통할 때는 아주 기뻐하지만 역경이 닥칠 때는 쉽게 약해지는 것을 슬퍼하며 탄식하라. 네가 선한 결심은 매우 자주 하지만 마침내 내는 결과는 아주 형편없는 것을 슬퍼하며 탄식하라.

3 이것들을 비롯해 네 결점을 고백하고 애통해하며 너 자신의 약점을 크게 불만스럽게 여기고, 언제나 자신의 삶을 고치고 더욱더 거룩해지도록 노력하겠다고 굳게 결심하라.

그런 후에 자신을 완전히 내려놓고 네 뜻을 다해 나의 이름을 높이고 네 몸과 영혼을 신실하게 나에게 맡기면서 너 자신을 네 마음의 제단에 온전한 번제로 바쳐라.

그러면 너는 가까이 나아와 이 제사를 하나님께 드리고 내 몸을 유익하게 받기에 합당하다고 여겨질 것이다.

4 사람이 그리스도의 몸과 피를 받는 성찬에서 자신을 하나님께 순전하고 온전하게 드리는 것보다 죄를 씻기에 더 합당하거나 더 큰 봉헌은 없기 때문이다.

사람이 자신에게 주어진 일을 다 한 후에 진정으로 회개하며 내게 나와서 용서와 은혜를 구할 때마다 주님이 말씀하신다. "나의 삶을 두고 맹세하노니 나는 악인이 죽는 것을 기뻐하지 아니하고 그가 돌이켜 그 길에서 떠나 사는 것을 기뻐하노라… 그 범죄한 것이 하나도 기억함이 되지 아니하리니(겔 18:22,23) 내가 그들의 죄를 모두 용서하리라."

08 CHAPTER

십자가에서 자신을 드린 그리스도께
나 자신을 드려야 한다

「 1 」 사랑하는 주님의 말씀

나는 나의 의지로, 네 죄를 사하려고 십자가에서 양팔을 벌리고 벌거벗겨진 채 나를 하나님께 드렸다(사 53:5 ; 히 9:28). 그리하여 나의 모든 것은 하나님의 진노를 풀기 위하여 온전히 번제로 드려졌다. 이와 같이 너도 매일 성찬에서 네 힘과 정성을 다하고 너의 내적 능력을 다해 너 자신을 순전하고 거룩한 제물로 기꺼이 나에게 바쳐야 한다.

네가 자신을 내게 온전히 맡기려고 힘쓰는 것 외에 내가 네게 무엇을 요구하겠느냐? 너 자신 말고는, 네가 무엇을 주든 그것은 내가 보기에 아무 가치도 없다. 나는 네 선물이 아니라 너를 원하기 때문이다(잠 23:26).

☐ 2 ☐ 나를 빼놓고는 네가 모든 것을 다 가져도 만족할 수 없
듯이, 너를 빼놓고는 네가 나에게 무엇을 준다 해도 나를 기쁘
게 할 수 없다.

너 자신을 나에게 바치고 온전히 하나님께 드려라. 그러면
네 제물을 기쁘게 받으실 것이다.

보아라. 나는 너를 위해 나 자신을 나의 아버지께 온전히 바
쳤고 나의 온몸과 피를 네 양식으로 주었으니, 이는 내가 온전
히 네 것이 되며 네가 끝까지 내 것이 되게 하기 위해서이다.

그러나 네가 네 안에 머물러 있지 않고 너 자신을 자유로이
내 뜻에 맡기지도 않는다면 네 제물은 온전하지 않고 우리 사
이에 완전한 연합도 없을 것이다.

그러므로 자유와 은혜를 얻고 싶다면 먼저 네 모든 행동에
서 너 자신을 하나님의 손에 자유롭게 바쳐야 한다. 내적으로
자유로워지고 깨우침을 얻는 사람이 극히 적은 것은 자신을
온전히 부인하기를 싫어하기 때문이다.

내 말은 확실하다. "이와 같이 너희 중의 누구든지 자기의
모든 소유를 버리지 아니하면 능히 내 제자가 되지 못하리
라"(눅 14:33). 그러므로 네가 내 제자가 되기를 원한다면 네
온 마음을 다해 너 자신을 나에게 바쳐라.

@도성윤

내적으로 자유로워지고 깨우침을 얻는 사람이 극히 적은 것은
자신을 온전히 부인하기를 싫어하기 때문이다

09 CHAPTER

자신의 전부를 하나님께 드리고
모두를 위해 기도하라

⌐ 1 ⌐ 제자의 말

주님, 하늘과 땅에 있는 모든 것이 주님의 것입니다(시 24:1).
저 자신을 주님에게 자원하는 제물로 드려 영원히 주님의 것
이 되게 하기를 원합니다.

주님, 제가 영원한 찬송의 제물이 되고 영원히 주님의 종이
되려고 오늘 순전한 마음과 겸손한 복종으로 저를 주님에게
바칩니다.

주님의 귀한 몸으로 드리는 이 거룩한 제사와 더불어 저를
받아주소서. 오늘 이곳에 함께한 보이지 않는 천사들 앞에서
저를 주님에게 바치오니, 이것이 저와 주님의 모든 백성에게
유익이 되게 하소서.

[2] 주님, 제가 주님과 주님의 거룩한 천사들 앞에서 제가 처음 죄를 지은 날부터 지금까지 저의 모든 죄와 허물을 주님의 자비로운 제단에 올려드리오니 주님의 사랑의 불로 태워 사르소서. 제 죄의 모든 얼룩을 씻으시며, 저의 양심을 깨끗하게 하시고, 제가 죄로 잃어버린 주님의 은혜를 회복시키시며, 제 모든 죄악을 용서하시고, 주님의 자비로 저를 받아들여 제게 평안의 입맞춤을 해주소서.

[3] 겸손하게 자백하고 애통해하며 늘 주님의 은총과 속죄를 간구하는 것 말고는 제가 저의 죄를 어떻게 할 수 있겠습니까(시 32:5)? 간구하오니, 제가 나의 하나님이신 주님 앞에 설 때 은혜를 베풀어 저의 간구를 들으소서.

제 모든 죄가 심히 불쾌합니다. 절대로 그런 죄를 다시 짓지 않겠습니다. 제가 지은 죄 때문에 슬프고, 살아 있는 동안 늘 슬플 것입니다. 그래서 회개하고 힘닿는 데까지 되돌리겠다고 결심합니다.

하나님, 당신의 거룩한 이름을 위해 저를 용서하시고, 주님의 더없는 보혈로 구속하신 제 영혼을 구원하소서. 보소서, 저를 주님의 자비에 맡기며 주님의 손에 내어드립니다. 저의 악함과 죄악 대신 주님의 선하심을 따라 저를 대하여주소서.

┌ 4 ┐ 비록 아주 작고 불완전하더라도 제 속에 있는 선한 것
도 주께 모두 바치오니, 고쳐서 거룩하게 하시고, 주께 즐겁고
받아들일 만한 것이 되게 하시며, 늘 조금씩 더 완전해지게 하
소서. 게으르고 무익하며 가련한 저를 유익하고 복된 결말로
이끌어주소서.

┌ 5 ┐ 경건한 자들의 모든 경건한 소원, 부모와 친구와 형제
자매와 제게 소중한 모든 사람의 필요, 주님의 사랑 때문에 저
또는 다른 사람들에게 선을 행한 사람들의 필요를 주님 앞에
내어놓습니다.

지금도 육신으로 살아 있든지 이생을 떠났든지, 자신과 자
신에 속한 모두를 위해 제가 기도해주기를 바랐고 또 제게 기
도를 부탁한 모든 사람을 주께 맡깁니다. 이들 모두에게 은혜
를 베풀어 이들을 도와주소서. 이들을 위로하시고 위험에서
보호하시며 고통에서 건지소서. 이들이 모든 악에서 벗어나
기뻐하며 주께 풍성한 감사를 돌리게 하소서.

┌ 6 ┐ 특히 제게 잘못했거나, 제게 슬픔을 안겼거나, 저를 비
방했거나, 저를 해쳤거나, 제게 상처를 준 사람들을 위해 주께
기도하며 중보합니다.

또한, 제가 어느 때라도 말이나 행동으로 알게 모르게 괴롭혔거나, 고통을 주었거나, 슬픔을 안겼거나, 실족하게 한 모든 사람을 위해 기도합니다. 저희가 서로에게 지은 모든 죄와 서로에게 행한 모든 악을 용서해주소서.

주님, 저희의 마음에서 의심, 원한, 분노, 다툼을 비롯하여 사랑을 해치고 형제애를 약하게 하는 것은 무엇이든 제거해주소서.

주님, 주님의 자비를 갈망하는 자들에게 자비를 베푸시고, 주님의 은혜가 필요한 자들에게 은혜를 베푸시며, 저희가 주님의 은혜에 주리고 영생을 향해 나아가기에 합당한 자가 되게 하소서. 아멘.

하나님, 당신의 거룩한 이름을 위해 저를 용서하시고,
주님의 더없는 보혈로 구속하신 제 영혼을 구원하소서
저의 악함과 죄악 대신 주님의 선하심을 따라 저를 대하여주소서

10 CHAPTER

성찬을 가볍게 여겨
미루거나 빠지지 말라

[1] 사랑하는 주님의 말씀

너는 네 죄와 정욕을 치유 받고 사탄의 모든 유혹과 속임수에
더 강하고 용감하게 맞설 수 있도록 은혜와 자비의 샘, 선과
모든 정결의 샘으로 자주 돌아가야 한다.

원수는 성찬이 얼마나 큰 유익과 회복을 주는지 알기에 신
실하고 경건한 자들이 성찬에 참여하지 못하도록 수단과 방
법을 가리지 않고 어떻게든 막으려 한다.

[2] 그래서 어떤 사람들은 성찬에 참여하려고 준비하다가
사탄에게 이전보다 더 심하게 현혹된다.

악한 영이 직접 하나님의 아들들에게 와서(욥 1:6) 자신에

게 익숙한 악의를 따라 그들을 괴롭히거나 두려움과 혼란에 몰아넣는다. 그들의 열심을 약화시키거나 그들을 직접 공격해 신앙심을 빼앗아서, 가능하면 성찬에 아예 참석하지 못하게 하거나 참석하더라도 마지못해 하게 하려는 것이다.

그러나 이러한 사탄의 교활하고 기괴한 속임수가 아무리 추잡하고 섬뜩하더라도 그것에 전혀 주목하지 말고, 그 모든 헛된 상상이 그의 머리로 돌아가게 해야 한다. 너는 이 파렴치한 놈을 경멸하고 비웃어주되, 그의 공격이나 그가 네 속에 일으키는 불안 때문에 성찬에 빠져서는 안 된다.

[3] 신앙이 어느 수준에 이르러야 한다는 지나친 강박감과 죄 고백에 대한 일종의 불안이 [성찬에 참여하지 못하게] 너를 막을 때가 많다. 그렇다면 지혜로운 자의 조언을 따라(잠 13장) 모든 불안과 강박감을 내려놓아라. 이것들이 하나님의 은혜를 방해하고 너의 경건한 마음을 뒤엎기 때문이다.

모든 사소한 문제나 어려움 때문에 성찬에 빠져서는 안 된다. 오히려 곧바로 네 죄를 고백하고, 다른 사람들이 네게 잘못한 것이 있다면 기꺼이 용서하라.

네가 누군가에게 잘못한 일이 있다면 겸손하게 용서를 구하라. 하나님께서 기꺼이 너를 용서하실 것이다(마 6:14).

4 죄를 고백하는 일을 오래 미루거나 성찬에 참여하는 일을 미룬다고 무슨 유익이 있겠느냐? 최대한 빨리 너 자신을 깨끗이 하고, 신속하게 독(毒)을 뱉어내며, 최고의 치료제를 서둘러 복용하라. 이렇게 하는 것이 미루는 쪽보다 낫다는 것을 알게 될 것이다.

오늘 어떤 이유로 성찬에 빠지면 내일은 더 큰 일이 일어나서 네가 오랫동안 성찬에 참여하지 못하고 갈수록 성찬에 참여하기에 부적합해질지도 모른다.

네게 있는 모든 짐과 게으름을 최대한 빨리 떨쳐버려라. 불안에 오래 갇혀 있거나 오래도록 양심이 가책을 느끼고 일상이 방해받아 거룩한 예배를 멀리하는 것은 아무 유익이 없다. 그렇다. 성찬을 오래 미루면 매우 해로운데, 대개 심한 영적 졸음을 부르기 때문이다.

안타깝게도, 제대로 훈련받지 못한 미지근한 사람들이 자신을 더 엄격히 살펴야 하는 것이 싫어서 대수롭지 않게 고백을 미루고 성찬을 연기한다.

5 성찬을 너무 쉽게 미루는 사람들의 사랑은 얼마나 빈약하고 보잘것없으며, 이들의 헌신은 또 얼마나 약한가!

자신의 삶을 아주 잘 다스리고 양심을 아주 깨끗하게 유지하며, 할 수만 있다면 다른 사람들의 시선에 개의치 않고 매일이라도 성찬에 참여할 준비가 잘 되어 있는 사람은 얼마나 행복하고 하나님이 받으실 만한가!

어떤 사람이 겸손해서, 또는 합당한 이유로 이따금 성찬에 참여하기를 삼간다면, 경외심을 보이는 한 칭찬받아야 한다. 그러나 영적 졸음이 몰려든다면 그는 자신을 흔들어 깨우고 자신에게 맡겨진 일을 해야 한다. 그러면 하나님께서 그 사람이 가진 선한 뜻을 크게 존중하셔서 그의 소원을 이루어주실 것이다.

┌─┐
│ 6 │ 그러나 어떤 합당한 방해가 일어날 때라도, 언제나 성
└─┘
찬에 참여하려는 선한 뜻과 경건한 의도가 있다면 그는 성찬의 열매를 잃지 않을 것이다. 경건한 사람은 어느 날, 어느 때라도 자유롭게 그리스도께 나아와 영적 교제에 참여하고 유익을 얻을 수 있을 것이기 때문이다.

그러나 이런 사람이라도 특정한 날, 정해진 시간에 성찬, 즉 자신을 구원하신 분의 몸을 사랑과 경외심을 갖고 받아야 하며, 자신의 위로보다 하나님의 존귀와 영광을 구해야 한다(고전 11장).

네가 누군가에게 잘못한 일이 있다면 겸손하게 용서를 구하라
하나님께서 기꺼이 너를 용서하실 것이다

이런 사람은 그리스도의 성육신과 고난의 신비를 경건하게 떠올리고, 그분을 향한 사랑으로 불탈 때마다 성찬에 신비롭게 참여하고 보이지 않게 새로워진다.

7 평소에 준비하지 않고 절기가 코앞에 닥쳤을 때, 또는 관습에 떠밀릴 때가 돼서야 허겁지겁한다면 준비가 제대로 되지 않을 때가 많다.

성찬을 거행하거나 받을 때마다 자신을 주님에게 온전히 번제로 드리는 사람은 복이 있다. 이 신비로운 의식을 행할 때 너무 길게 하지도 말고 너무 짧게 하지도 말라. 네가 함께 살아가는 사람들의 좋은 관습에 맞춰라.

사람들을 지루하고 짜증 나게 하지 말며, 선조들이 정한 것에 따라 수용되는 관습을 지키고, 너 자신의 신앙이나 감정이 아니라 다른 사람들의 유익에 집중해야 한다.

11 CHAPTER

그리스도의 몸과 성경은
신자에게 꼭 필요하다

☐ 1 ☐ 제자의 말

복되신 주 예수님, 주님의 잔치에서 주님과 함께 먹는 경건한
영혼은 얼마나 큰 복을 누리는지요! 주님이 베푸신 잔치의 음
식은 그 영혼이 유일하게 사랑하는 분이요 그 영혼이 그 무엇
보다 사모하는 주님뿐입니다.

주님 앞에서 제 마음 깊이 흐르는 눈물을 쏟아내며, 사랑하
는 마리아와 함께 눈물로 주님의 발을 씻는다면 제게 참으로
행복한 일이겠습니다(눅 7:38).

그러나 지금 그 헌신이 어디 있습니까? 하염없이 흐르던 그
거룩한 눈물이 어디 있습니까? 주님과 거룩한 천사들 앞에서
저의 온 마음이 타오르고 기뻐 울어야 마땅합니다.

다른 모습 아래 자신을 숨기셨더라도, 주님은 성찬에 참으로 임재해 계십니다.

┌─┐
│ 2 │ 제 눈이 주님의 신적인 광채를 보고 견딜 수 없고, 온 세
└─┘
상도 주님의 영광이 발하는 광휘 앞에 설 수 없기에 주님은 저의 연약함을 생각하시어 성찬의 외적 상징 아래 자신을 숨기십니다.

천사들이 하늘에서 경배하는 그분을 제가 실제로 소유하고 경배합니다. 그러나 천사들은 베일 없이 직접 그분을 보지만 저는 지금, 그리고 잠시, 믿음으로 볼 뿐입니다.

영원한 광명의 날이 밝고 상징의 그림자가 사라질 때까지 저는 참된 믿음의 빛에 만족하고 그 빛 가운데 걷는 데 만족해야 합니다.

그러나 온전한 것이 올 때에는(고전 13:10) 성찬은 그칠 것입니다. 하늘의 영광 가운데 있는 복된 자들은 성찬이라는 치료제가 필요 없기 때문입니다.

이들은 하나님 앞에서 끝없이 기뻐하며, 얼굴을 맞대고 그분의 영광을 볼 것입니다. 영광에서 영광으로 변화되어 이해할 수 없는 하나님의 형상에 이르며, 육신이 된 하나님의 말씀, 곧 태초부터 계셨고 영원히 계시는 말씀을 맛볼 것입니다.

이 놀라운 일들을 생각할 때면 모든 영적 위로마저 지루해집니다. 영광의 내 주님을 터놓고 보지 않는 한, 이 세상에서 보거나 듣는 모든 것이 하찮게 여겨지기 때문입니다.

오 하나님, 당신이 저의 증인이십니다. 제가 영원히 묵상하고픈 주 나의 하나님 외에 그 무엇도 저를 위로하지 못하고, 그 어떤 피조물도 제게 안식을 주지 못합니다.

제가 이 죽을 육체에 거하는 동안에는 이것이 가능하지 않으므로 저는 많이 인내해야 하고, 저의 모든 소원을 당신께 맡겨야 합니다. 주님, 지금 하늘나라에서 주님과 함께 기뻐하는 주님의 성도들도 세상에 살 때는 주님의 영광이 도래하기를 믿음과 큰 인내로 기다렸기 때문입니다(히 10:35,36 ; 11장).

그들이 믿은 것을 저도 믿으며, 그들이 소망했던 것을 저도 소망합니다. 그들이 어디에 이르렀든지 저도 주님의 은혜로 이를 것을 믿습니다. 그동안 저는 성도들의 본보기에서 힘을 얻어 믿음으로 행할 것입니다.

저는 또한 성경에서 위로를 받고 성경을 삶의 거울로 삼으며, 무엇보다도 주님의 더없이 거룩한 몸을 유일한 치료제와 피난처로 삼을 것입니다.

주님은 연약하고 무력한 제게 주님의 거룩한 몸을 주셔서
제 영혼과 몸이 새 힘을 얻게 하셨으며,
주님의 말씀을 주셔서 제 발에 빛이 되게 하셨습니다

⌐ 4 ⌐ 저는 이 삶에서 제게 특별히 꼭 필요한 것이 두 가지 있다고 생각합니다. 이것이 없으면 이 비참한 인생을 도저히 견딜 수 없을 것입니다.

이 육신의 감옥에 갇혀 있는 동안 제게 꼭 필요한 두 가지는 양식과 빛입니다. 그런데 주님은 연약하고 무력한 제게 주님의 거룩한 몸을 주셔서 제 영혼과 몸이 새 힘을 얻게 하셨으며(요 6:51), 주님의 말씀을 주셔서 제 발에 빛이 되게 하셨습니다(시 119:105).

하나님의 말씀은 제 영혼의 빛이며, 주님의 성찬은 생명의 떡이기 때문에, 이 둘이 없으면 저는 잘 살 수 없습니다.

이 둘은 거룩한 교회의 보물창고 이쪽과 저쪽에 놓인 두 개의 상(床)이라 할 수 있습니다(시 23:5 ; 히 8:10, 9:2).

한 상은 거룩한 제단의 상인데 거룩한 떡, 곧 그리스도의 귀한 몸이 놓여 있습니다. 다른 상은 하나님의 율법으로 거룩한 가르침을 담고 있으며 사람들에게 바른 믿음을 가르치고 사람들을 휘장 안 지성소까지 힘차게 인도합니다.

영원한 빛의 빛이신 주 예수님, 주님의 종들, 곧 선지자들과 사도들을 비롯한 교사들을 통해 저희를 위해 거룩한 가르침의 상을 준비하셨으니 감사합니다.

┌─5─┐ 인류의 구속자께서 주님의 사랑을 온 세상에 나타내려
고 위대한 만찬을 준비하사(눅 14:16) 주님의 모형인 어린 양
이 아니라 주님 자신의 더없이 거룩한 몸과 피를 저희 앞에
차려놓아 먹고 마시게 하시고(요 6:53-56), 이 거룩한 잔치로
모든 신자를 기쁘게 하시며, 이들 모두가 낙원의 온갖 기쁨으
로 가득한 구원의 잔을 흡족히 마시게 하십니다(시 23:5 ; 지혜
서 16:20,21).

그리고 거룩한 천사들도 저희와 함께 잔치를 즐기지만 그
들은 더 행복하고 달콤하게 즐깁니다.

┌─6─┐ 오, 하나님의 성직자라는 직분이 얼마나 크고 존귀한지
요! 이들은 거룩한 말씀으로 영광의 주님의 성찬을 성별하고,
입술로 축복하며, 손으로 잡고, 입으로 받으며, 또한 다른 사
람들에게 나누어줍니다.

이들의 손은 얼마나 깨끗해야 하고, 이들의 입술은 얼마나
정결해야 하는지요. 이들의 몸은 얼마나 거룩해야 하며, 정결
을 지으신 분이 자주 들어가시는 이들의 마음은 얼마나 흠이
없어야 하는지요!

그리스도의 성찬을 매우 자주 받는 그의 입에서는 거룩한
말, 선하고 유익한 말 외에는 나오면 안 됩니다.

┌ 7 ┐ 그리스도의 몸을 보는 데 익숙한 눈은 순박하고 순결해
야 하며, 하늘과 땅의 창조자를 만지는 데 익숙한 손은 정결하
고 하늘을 향해 들려야 합니다.

성직자들에 대해 특히 율법은 이렇게 말합니다. "너희는 거
룩하라 이는 나 여호와 너희 하나님이 거룩함이니라"(레 19:2,
20:26).

┌ 8 ┐ 전능하신 하나님, 주님의 은혜로 저희를 도우셔서 제사
장 직분을 맡은 저희가 모든 정결과 선한 양심으로 주님을 합
당하고 경건하게 섬길 수 있게 하소서.

저희가 아주 깨끗하게 살아야 마땅한데도 그러지 못한다면,
적어도 저희가 범한 죄에 대해 합당하게 애통하고 앞으로 겸
손한 마음과 선한 뜻을 품고 주님을 더 열심히 섬기게 하소서.

제사장 직분을 맡은 저희가 모든 정결과 선한 양심으로
주님을 합당하고 경건하게 섬길 수 있게 하소서

12 CHAPTER

그리스도와 교제하려는 자는
부지런히 자신을 준비하라

□ 1 □ 사랑하는 주님의 말씀

나는 정결을 사랑하는 자이며, 모든 성스러움을 주는 자이다.
나는 마음이 정결한 자를 찾으며 그곳을 내 안식처로 삼는다
(시 24:4 ; 마 5:8). 나를 위해 잘 꾸민 큰 다락방을 준비하라(막
14:14,15 ; 눅 22:11,12). 내가 제자들과 함께 네 집에서 유월절
을 지킬 것이다.

내가 네게로 가서 너와 함께 지내기를 원한다면 내가 거처
할 네 마음을 깨끗하게 하라. 묵은 누룩을 내버리고(고전 5:7),
온 세상과 온갖 죄를 차단하라(출 24:18). 지붕 위의 외로운 참
새처럼 홀로 앉아서 비통한 마음으로 네 죄악을 깊이 생각해
보아라.

사랑하는 자는 누구든지 그의 연인을 위해 가장 좋고 가장 아름다운 자리를 준비하며, 여기서 연인을 대하는 그의 마음이 드러나기 때문이다.

`2` 그렇더라도 너는 알아야 한다. 네가 마음에 다른 생각을 전혀 품지 않고 일 년 내내 자신을 준비하더라도, 네 행위의 공로로 이것을 충분히 준비할 수는 없다.

네가 내 식탁에 오는 것은 순전히 나의 은혜와 호의 때문이다. 마치 거지가 부자의 만찬에 초대받는 것과 같다. 그는 겸손히 자신을 낮추고 감사할 뿐 자신을 초대해준 사람의 은혜를 달리 갚을 길이 없다.

네게 주어진 일을 부지런히 하라. 습관을 따라 하지 말고 마지못해서 하지 말라. 네가 사랑하는 주 하나님이 네게 오겠다고 하실 때 두려움과 경외심과 사랑하는 마음으로 그분의 몸을 받으라. 내가 너를 불렀고 이것을 행하도록 명했으며, 네게 부족한 것을 내가 공급해줄 것이다. 너는 와서 나를 받으라.

`3` 내가 헌신의 은혜를 줄 때 너는 네 하나님께 감사하라. 이것을 네게 준 것은 네가 자격이 있기 때문이 아니라 내가 네게 자비를 베풀었기 때문이다.

네게 은혜가 없어 메마르다 느껴지면 곧바로 기도하고, 탄식하고, 두드리고, 구원의 은혜를 부스러기라도 받을 때까지 절대 포기하지 말라.

너는 내가 필요하지만 내게는 네가 필요하지 않다. 네가 나를 거룩하게 하려고 오는 것이 아니라 내가 너를 거룩하고 더 낫게 하려고 오는 것이다. 네가 나를 통해 거룩해지고, 나와 연합하며, 새로운 은혜를 받고 새롭게 자극을 받아 삶을 고치기 위해서 내게 오는 것이다.

이 은혜를 소홀히 여기지 말고 아주 부지런히 네 마음을 준비하여 네 사랑하는 분을 마음에 받아들여라.

4 너는 성찬을 받기 전에 자신을 경건하게 준비할 뿐 아니라, 성찬을 받은 후에도 경건을 잃지 않도록 주의하라. 성찬 전에 경건하게 준비하는 것 못지않게 성찬 후에 주의 깊게 자신을 지키는 것도 중요하다.

성찬 후에 자신을 잘 지키는 것이 다음에 더 큰 은혜를 얻기 위한 최선의 준비이기 때문이다. 또한, 곧바로 외적인 위로에 너무 전념하면 경건하기 원하는 마음을 잃기 때문이다.

말을 많이 하지 말고(잠 10:19), 은밀한 곳에 머물면서 네 하나님을 즐거워하라. 너는 온 세상이 달려들어도 네게서 빼앗을 수 없는 분을 모시고 있기 때문이다.

너 자신을 나에게 온전히 맡겨야 한다. 그러면 네가 남은 평생을 자기 자신 안에서 살지 않고 내 안에서 모든 염려를 벗어버리고 살 것이다.

나는 마음이 정결한 자를 찾으며 그곳을 내 안식처로 삼는다
내가 네게로 가서 너와 함께 지내기를 원한다면
내가 거처할 네 마음을 깨끗하게 하라

경건한 영혼은 주님과의 연합을
전심으로 구해야 한다

 ̄1 ̄ 제자의 말

주님, 어떻게 하면 제가 홀로 주님을 만나 주님에게 저의 온 마음을 열고 제 영혼이 바라는 대로 주님을 즐거워하는 은총을 누리겠습니까? 그래서 아무도 저를 쳐다보지 않고, 그 어떤 피조물도 저를 감동시키거나 제게 관심을 보이지 않으며, 연인끼리 말하듯이, 친구들과 연회를 즐기듯이, 오직 주님만 제게 말씀하시고 제가 주님에게 말할 수 있게 되겠습니까(출 33:11 ; 아 8:2)?

저는 온전히 주님과 연합하고 제 마음이 모든 피조물을 멀리하며 성찬을 통해 하늘의 영원한 것을 맛보는 법을 배우고 또 배우기를 간구하고 갈망합니다.

주 하나님, 언제 제가 온전히 주님과 연합하며, 주님에게 완전히 잠겨 저 자신을 완전히 잊겠습니까? "내 안에 거하라 나도 너희 안에 거하리라" 하신 주님(요 15:4), 이렇게 주님과 제가 계속 하나 되게 하소서.

2 진실로 주님은 제가 사랑하는 분이요 수많은 사람 중에 가장 뛰어난 분이며(아 5:10), 제 영혼이 평생토록 주님 안에 거하기를 크게 기뻐합니다.

진실로 주님은 제게 평안을 주시는 분이요, 주님 안에는 가장 큰 평안과 참된 안식이 있고 주님 밖에는 수고와 슬픔과 끝없는 불행이 있을 뿐입니다.

진실로 주님은 자신을 숨기는 하나님이시며(사 45:15), 주님의 권고는 악인과 함께하지 않으나 주님의 말씀은 마음이 겸손하고 단순한 자와 함께합니다(잠 3:34).

주님, 주님의 영은 아주 감미롭습니다. 주님은 그 감미로움을 자녀들에게 보여주시려고, 달콤함으로 가득하며 하늘에서 내려오는 떡을 그들에게 먹이십니다(지혜서 16:20,21).

우리 하나님은 그분의 모든 신실한 자에게 임재하시고 날마다 이들을 위로하시고 이들의 마음을 하늘로 들어 올리시며 자신을 주셔서 먹고 즐기게 하시는데, 자기 백성을 이토록 가까이하는 신을 둔 이렇게 위대한 나라는 또 없습니다(신 4:7).

┌─┐
│ 3 │ 그리스도의 백성처럼 높은 명성을 가진 민족이 또 있습
└─┘
니까? 하나님이 친히 그 속에 들어가셔서 자신의 영광스러운 살로 먹이시는 경건한 영혼만큼 사랑받는 피조물이 하늘 아래 어디 있습니까?

말할 수 없는 은혜입니다! 놀라운 겸손입니다! 특별히 사람에게 베푼 측량할 수 없는 은혜입니다!

그러나 이 은혜와 비할 데 없는 사랑을 베푸신 주님에게 제가 무엇으로 보답하겠습니까?(시 116:12)

제 마음을 나의 하나님께 온전히 드리고 그분과 내적으로 깊이 하나 되는 것보다 하나님께서 더 기쁘게 받으실 것이 없습니다. 제 영혼이 하나님과 완전히 연합하면 제 속에 있는 것들이 다 기뻐할 것입니다.

그러면 그분이 제게 이렇게 말씀하실 것입니다. "네가 나와 함께하려 한다면 나도 너와 함께하려 할 것이다."

그러면 저는 그분께 이렇게 대답하겠습니다. "주님, 제가 주님과 함께하기를 기뻐하오니 저와 함께하소서."

"제 소원은 하나, 제 마음이 주님과 연합하는 것입니다."

진실로 주님은 자신을 숨기는 하나님이시며,
주님의 권고는 악인과 함께하지 않으나
주님의 말씀은 마음이 겸손하고 단순한 자와 함께합니다

14 CHAPTER

그리스도의 몸을 받으려는
경건한 자들의 열망에 관하여

1 제자의 말

주님, 주님을 두려워하는 자들을 위하여 쌓아두신 은혜가 어찌 그리 큰지요(시 31:19)!

오 주님, 더없이 큰 믿음과 열정을 품고 주님의 성찬에 나오는 경건한 사람들을 생각할 때면 제가 미지근한 마음, 아니 차가운 마음으로 주님의 제단과 성찬에 나아가는 것이 부끄러워 얼굴이 붉어질 때가 많습니다. 제가 이토록 메마르고 마음에 주님을 향한 열정이 없다고 생각하니 슬퍼집니다.

나의 하나님, 경건한 많은 사람과는 달리 저는 주님의 임재 앞에 온전히 타오르지 않을 뿐 아니라 주님에게 진심으로 끌리고 감동되지도 않습니다.

그들은 성찬에 대한 강한 열망과 마음의 감동 때문에 눈물을 억누르지 못하고, 마음과 몸의 입으로 내면 깊은 곳에서 생명의 샘이신 주 하나님을 갈망합니다. 모든 기쁨과 영적 열망으로 주님의 몸을 받지 않고는 달리 자신들의 주림을 가라앉히거나 만족시킬 수 없기 때문입니다.

2 그런 사람들의 믿음은 참으로 뜨겁습니다! 그것은 주님의 거룩한 임재를 보여주는 분명한 증거입니다. 그들은 떡을 떼는 중에 자신들의 주님을 진정으로 알아보고(눅 24:32,35), 복되신 주님이 그들과 함께 걸으며 대화할 때 그들의 마음이 아주 뜨겁게 타오르기 때문입니다.

이러한 갈망과 헌신, 이토록 강렬한 사랑과 열정이 저와는 거리가 멀 때가 많습니다.

자비로운 예수님, 향기롭고 인자하신 주님, 주님의 가련하고 궁핍한 피조물인 제게 은혜를 베풀어, 적어도 이따금 성찬에서 주님의 뜨거운 사랑을 조금이나마 느끼게 하소서.

그리하여 제 믿음이 더 강해지고, 주님의 선하심을 향한 저의 소망이 더 커지며, 하늘의 만나를 맛본 후 완전하게 타올랐던 사랑의 불길이 결코 꺼지지 않게 하소서.

⌜ 3 ⌟ 주님의 자비는 제가 갈망하는 은혜를 줄 수 있습니다. 주님은 주님이 기뻐하시는 날에 지극한 자비로 저를 찾아오셔서 제게 열정의 영을 주실 수 있습니다.

저는 주님에게 아주 특별하게 헌신한 사람들만큼 큰 열정으로 불타지는 않습니다. 그렇더라도 주님의 은혜로 큰 불길 같은 이러한 열정을 갖기 원하며, 주님을 뜨겁게 사랑하는 모든 사람과 함께 성찬에 참여하고 그들 중에 들 수 있기를 기도하고 갈망합니다.

15 CHAPTER

헌신의 은혜는
겸손과 자기 부인으로 얻는다

---

[1] 사랑하는 주님의 말씀

너는 헌신의 은혜를 즉시 구하고, 간절히 청하고, 인내와 확신을 품고 기다리며, 감사함으로 받고, 겸손히 간직하고, 부지런히 사용하고, 하늘에서 이러한 은혜가 임하는 때와 방법은 하나님께서 네게 오기를 기뻐하실 때까지 하나님께 맡겨라.

네게 내적 헌신이 거의 없거나 전혀 없다고 느껴질 때 너 자신을 아주 겸손히 낮춰야 하지만, 너무 낙담하거나 슬퍼해서는 안 된다.

하나님은 오랫동안 거절하셨던 것을 한순간에 주실 때가 많다. 하나님은 때로 네가 기도를 시작할 때 미뤄두셨던 것을 마지막에 주기도 하신다.

사소한 문제가 은혜가 임하는 것을 막거나 은혜를 감추기도 한다
큰 문제가 아니라 작다고 할 만한 문제가 아주 큰 선을 막는다

2 은혜를 구할 때마다 늘 곧바로 주신다면 연약한 사람은 잘 감당하지 못할 것이다. 그러므로 헌신의 은혜는 선한 소망을 품고 겸손히 인내하며 기다려야 하는 것이다.

그렇더라도, 은혜가 네게 임하지 않거나 네게서 은밀히 떠난다면 자신과 자신의 죄를 탓해야 한다.

때로는 사소한 문제가 은혜가 임하는 것을 막거나 은혜를 감추기도 한다. 큰 문제가 아니라 작다고 할 만한 문제가 아주 큰 선을 막는다. 문제가 크든 작든, 네가 그것을 제거하고 완벽하게 극복하면 바라는 것을 얻을 것이다.

3 전심으로 자신을 하나님께 드리고 너의 즐거움이나 뜻을 따라 이것저것 구하지 않고 온전히 그분 안에 거하면 그 즉시 그분과 연합하게 되고 평안을 얻을 것이다. 하나님의 뜻을 따르는 선한 즐거움만큼 달콤하고 기쁜 것이 없기 때문이다.

그러므로 누구든지 한마음으로 하나님을 바라보고 피조물에 대한 지나친 애착이나 혐오에서 벗어나면 은혜와 참된 헌신의 은사를 받기에 가장 적합해질 것이다. 주님은 빈 그릇에 복을 채우시기 때문이다.

이런 저급한 것들을 완전히 버릴수록, 자신을 경멸함으로써 자신에 대해 죽을수록 은혜가 더 빨리 찾아오고, 더 풍성히 임하며, 자유로워진 마음을 더욱 높이 올릴 것이다.

[4] 그러면 그분 안에서 보게 되고, 그분과 함께 흐르게 되며, 놀라게 되고, 마음이 넓어질 것이다(사 55:5). 주님의 손이 그와 함께하시고, 그가 온전히 자신을 주님의 손에 영원히 맡겼기 때문이다.

보아라. 마음을 다해 하나님을 찾고 그분의 영을 헛되이 받지 않는 자는 복이 있을 것이다. 그는 성찬을 받을 때 하나님과 연합하는 큰 은총을 누릴 것이다. 그는 자신의 헌신과 위로를 보지 않고 모든 헌신과 위로를 초월해 하나님의 존귀와 영광을 바라보기 때문이다.

16 CHAPTER

필요를 그리스도께 내어놓고
그분의 은혜를 구해야 한다

┌─ 1 ─┐ 제자의 말

지극히 달콤하며 사랑스러우우신 주님, 저는 지금 온 마음을 다
해 주님을 받기 원합니다. 주님은 저의 허물과 곤궁함을 아시
고, 제가 얼마나 많은 죄와 악에 빠지고 얼마나 자주 짓눌리며
유혹받고 동요하고 더러워지는지를 아십니다.

치료받고자 주님 앞에 나와 간구하오니, 저를 위로하고 도
우소서. 모든 것을 아시고, 제 모든 내면의 생각을 여시며, 홀
로 저를 온전히 위로하고 도우실 수 있는 주님에게 아룁니다.

주님은 제게 어떤 선한 것들이 절실히 필요한지, 제가 모든
덕에서 얼마나 가난한지 아십니다.

[2] 보소서. 저는 가련하고 벌거벗은 채 주님 앞에 서서 은혜를 구하고 자비를 간구합니다. 주께 간구하는 주린 자를 먹이시고, 저의 차가운 마음을 주님의 불같은 사랑으로 태우시며, 저의 몽매함을 주님의 임재가 발하는 광채로 비추소서.

땅의 것은 모두 쓰게 느끼고, 괴롭고 거슬리는 것은 모두 인내하며, 비천한 피조물은 모두 경멸하고 잊게 하소서. 하늘에 계신 주께 제 마음을 들어 올리시고, 제가 땅에서 방황하도록 보내지 마소서.

주님, 지금부터 영원까지 주님만이 제게 달콤한 분이 되소서. 주님만이 저의 양식이자 음료이며, 저의 사랑이자 기쁨이며, 저의 달콤함이자 모든 좋은 것이시기 때문입니다.

[3] 주님의 임재로 저를 완전히 태워 제가 주님을 닮게 하소서. 그리하여 제가 내적 연합의 은혜로, 뜨거운 사랑에 녹아 주님과 영으로 하나 되게 하소서(고전 6:17)! 저를 주리고 목마른 채로 주님에게서 쫓아내지 마시고, 자주 주님의 성도들을 놀랍게 대하셨듯이 저를 자비롭게 대하소서. 제가 주님에 의해 완전히 태워지고 아무것도 남지 않더라도 놀랄 일이겠는지요! 주님은 언제나 타오르고 결코 꺼지지 않는 불이요 마음을 정결케 하고 지성을 비추는 사랑이시기 때문입니다.

주님은 제게 어떤 선한 것들이 절실히 필요한지,
제가 모든 덕에서 얼마나 가난한지 아십니다

17 CHAPTER

그리스도를 받으려는
뜨거운 사랑과 간절한 열망에 관하여

[1] 제자의 말

주님, 거룩한 삶과 뜨거운 믿음으로 주님을 더없이 기쁘게 해
드린 수많은 성도들과 경건한 사람들이 주님의 성찬에 참여
했을 때 주님을 그렇게 갈망했듯이, 저 또한 깊은 믿음과 뜨거
운 사랑, 마음의 모든 애정과 열정을 품은 채 주님을 받고 싶
습니다.

　영원한 사랑이요 저의 모든 선이요 무한한 행복이신 나의
하나님, 성도들이 주님을 향해 가졌거나 느낄 수 있었던 가장
진실한 애정과 가장 적절한 경외심과 공경함으로 주님을 받
기 원합니다.

☐ 2 ☐ 비록 저는 그 모든 헌신의 감정을 품을 자격이 없지만, 그렇더라도 제가 주님을 향한 더없이 기쁘고 뜨거운 갈망을 지닌 단 한 사람인 것처럼 제 마음의 모든 애정을 드립니다.

그렇습니다. 제가 성실한 마음이 품고 바랄 수 있는 모든 것을 더없이 깊은 경외심과 더없는 마음의 애정으로 주께 드립니다. 아무것도 제게 남겨두지 않고, 저 자신과 제 모든 것을 아낌없이, 더없이 기쁜 마음으로 주께 드립니다.

저의 창조자요 구원자이신 주 나의 하나님, 천사가 찾아와 신비로운 성육신의 기쁜 소식을 전했을 때 주님의 거룩한 어머니, 영광스러운 동정녀 마리아가 "주의 여종이오니 말씀대로 내게 이루어지이다"(눅 1:38)라고 겸손하고 경건하게 대답하면서 주님을 받고 갈망했듯이, 저도 오늘 그런 애정과 경외와 찬양과 존귀로, 그런 감사와 존경과 사랑으로, 그런 믿음과 소망과 순결로 주님을 받기 원합니다.

☐ 3 ☐ 주님의 복된 길잡이요, 성도들 중 가장 뛰어난 세례 요한이 아직 모태 중에 있을 때 주님 앞에서 기뻐하며 성령의 기쁨으로 뛰놀았고(눅 1:44), 나중에 예수님이 사람들 가운데 다니시는 것을 보고 자신을 더없이 낮추고 경건한 마음으로 "서서 신랑의 음성을 듣는 친구가 크게 기뻐하나니 나는 이러

한 기쁨으로 충만하였노라"(요 3:29)라고 했듯이, 저도 그렇게 크고 거룩한 갈망으로 불타오르고 온 마음을 다해 저를 주님에게 드리기를 원합니다.

그러므로 모든 경건한 마음이 맛보는 승리의 기쁨, 뜨거운 애정, 정신적 환희, 초자연적 조명, 천상의 환상, 그리고 이와 더불어 하늘과 땅의 모든 피조물이 송축했고 또 송축할 모든 덕과 찬양을 저 자신뿐 아니라 제게 기도를 부탁한 모든 사람을 대신해 주께 바치오니, 이 모두를 통해 영원토록 합당하게 찬양과 영광을 받으소서.

[4] 주 나의 하나님, 주님에게 무한한 찬양과 끝없는 송축을 드리고픈 저의 소원과 갈망을 받으소서. 주님은 이루 말할 수 없이 크시므로 이런 찬양과 송축을 받기에 더없이 합당하십니다.

제가 주님에게 이러한 찬양을 매일, 매 순간 드리기 원합니다. 그리고 나와 함께 주님에게 감사하고 주님을 찬양하자고 하늘의 모든 영과 주님의 모든 신실한 종들을 더없이 간절하고 다정하게 초대합니다.

그리스도를 본받아 4

［ 5 ］ 모든 백성과 나라와 방언이 주님을 찬양하고(시 117편),
거룩하고 더없이 감미로운 주님의 이름을 최고의 환희와 뜨
거운 헌신으로 높이게 하소서.

경외함과 경건으로 주님의 성찬을 행하고 온전한 믿음으로
주님의 성찬을 받는 모두가 주님의 손에서 은혜와 자비를 찾
기에 합당한 자로 여겨지고, 죄인인 저를 위해 겸손한 간구로
기도하게 하소서.

이들이 바라던 믿음을 얻고 주님과 즐겁게 연합한 후 큰 위
로를 받고 놀랍도록 새 힘을 얻어 주님의 거룩한 하늘 식탁을
떠날 때, 저의 불쌍한 영혼을 기억하게 하소서.

모든 백성과 나라와 방언이 주님을 찬양하고,
거룩하고 더없이 감미로운 주님의 이름을
최고의 환희와 뜨거운 헌신으로 높이게 하소서

18 CHAPTER

자신의 지각을 믿음에 복종시키면서
그리스도를 겸손히 따르라

┌ 1 ┐ 사랑하는 주님의 말씀

의심의 수렁에 빠지지 않으려면, 더없이 심오한 성찬을 쓸데 없이 호기심에 이끌려서 탐구하려 들지 않도록 주의해야 한 다. "나의 위엄을 탐구하는 자는 그 영광에 압도될 것이다"("자 기의 영예를 구하는 것이 헛되니라", 잠 25:27 개역개정). 하나님은 사람의 이해를 초월하는 일을 하실 수 있다.

언제나 배울 자세가 되어 있고 교부들의 건전한 가르침을 따라 살려고 노력한다면 성실하고 겸손하게 진리를 탐구해도 좋다.

[2] 질문과 논쟁의 어려운 길을 떠나 하나님의 계명이라는 쉽고 확실한 길을 가는 단순함은 복되다. 많은 사람이 너무 높은 것을 탐구하려고 하다가 신앙을 잃었다.

네게 필요한 것은 하나님의 신비에 대한 높은 이해나 깊은 탐구가 아니라 믿음과 진실한 삶이다.

네 아래에 있는 것도 이해하지 못하면서 네 위에 있는 것을 어떻게 이해하겠느냐? 하나님께 복종하고 네 지각을 믿음 아래 두어라. 그러면 네게 유익하고 꼭 필요한 만큼 지식의 빛을 주실 것이다.

[3] 어떤 사람들은 믿음이나 성찬과 관련해 큰 유혹을 받는다. 그러나 이것을 자기 탓이 아니라 원수의 탓으로 돌려야 한다. 염려하지 말라. 자기 생각과 다투지 말고 마귀가 일으키는 의심에 반응하지 말라. 그 대신 하나님의 말씀을 신뢰하고 그분의 성도들과 선지자들을 신뢰하라. 그러면 악한 원수가 네게서 도망칠 것이다.

하나님의 종이 이런 일을 겪는 것은 매우 유익할 때가 많다. 마귀는 이미 확실히 자기 소유인 불신자들과 죄인들을 유혹하지 않고, 신실하고 경건한 자들을 다양한 방법으로 유혹하고 괴롭히기 때문이다.

그리스도를 본받아 4

4 그러므로 의심하지 않는 단순한 믿음과 간구하는 자의 경외심으로 성찬에 나아오라. 무엇이든 네가 이해할 수 없는 것은 안전하게 전능하신 하나님께 맡겨라. 하나님은 너를 속이지 않으신다. 자신을 지나치게 신뢰하는 자가 속는다.

하나님은 단순한 사람과 동행하시고(시 19:7, 119:130 ; 마 11:29,30), 겸손한 자에게 자신을 나타내시며, 어린아이들에게 깨달음을 주시고, 순수한 마음에 분별력을 주시며, 호기심 많고 교만한 자에게 은혜를 숨기신다. 사람의 이성은 연약해 속을 수 있지만, 참된 믿음은 속지 않는다.

5 모든 이성과 본능적 탐구는 믿음보다 앞서거나 믿음을 방해해서는 안 되고 믿음을 따라가야 한다. 더없이 거룩하고 뛰어난 성찬에서 믿음과 사랑이 특별하게 주도하고 은밀하게 일하기 때문이다.

영원하며 이해할 수 없는 하나님, 능력이 무한하신 하나님께서 탐구할 수 없는 큰일을 하늘과 땅에서 행하시는데, 그분이 행하시는 놀라운 일을 추적하기란 불가능하다.

하나님의 일이 사람의 이성으로 쉽게 이해된다면 놀랍다거나 말로 표현하지 못한다고 할 수 없을 것이다.

네게 필요한 것은 믿음과 진실한 삶이다
하나님께 복종하고 네 지각을 믿음 아래 두어라
네게 유익하고 꼭 필요한 만큼 지식의 빛을 주실 것이다

묵상과 적용

Q1 이 책에서 당신에게 깊이 와 닿은 구절들을 옮겨 적어보라.
그 권면과 가르침은 당신의 삶에서 구체적으로 어떻게 적용
될 수 있겠는가?

Q2 토마스 아 켐피스의 글에서 거듭거듭 나타나며 성경 본문과
나란히 교훈으로 가르칠 수 있는 주제는 무엇인가?

_____

_____

_____

_____

_____

_____

_____

_____

_____

_____

_____

_____

_____

그리스도를 본받아 4
주님과의 거룩한 하나 됨

초판 1쇄 발행　　2019년 7월 22일

지은이	토마스 아 켐피스
옮긴이	전의우

펴낸이　　여진구
책임편집　　최현수
편집　　이영주 김윤향 안수경 김아진
책임디자인　　마영애 조아라 ｜ 노지현 조은혜
기획·홍보　　김영하　　　　　　　　　　**해외저작권**　　기은혜
마케팅　　김상순 강성민 허병용　　　**마케팅지원**　　최영배 정나영
제작　　조영석 정도봉　　　　　　　　**경영지원**　　김혜경 김경희

이슬비전도학교　　최경식　　　　　　**303비전성경암송학교**　　박정숙
303비전장학회 & 303비전꿈나무장학회　　여운학

펴낸곳　　규장

주소　　06770 서울시 서초구 매헌로 16길 20(양재2동) 규장선교센터
전화　　02)578-0003　　**팩스**　　02)578-7332
이메일　　kyujang0691@gmail.com　　**홈페이지**　　www.kyujang.com
페이스북　　facebook.com/kyujangbook　　**인스타그램**　　instagram.com/kyujang_com
카카오스토리　　story.kakao.com/kyujangbook
등록일　　1978.8.14. 제1-22

책값　뒤표지에 있습니다.
ISBN　978-89-6097-582-8 04230
　　　　978-89-6097-578-1(세트)

규｜장｜수｜칙

1. 기도로 기획하고 기도로 제작한다.
2. 오직 그리스도의 성품을 사모하는 독자가 원하고 필요로 하는 책만을 출판한다.
3. 한 활자 한 문장에 온 정성을 쏟는다.
4. 성실과 정확을 생명으로 삼고 일한다.
5. 긍정적이며 적극적인 신앙과 신행일치에의 안내자의 사명을 다한다.
6. 충고와 조언을 항상 감사로 경청한다.
7. 지상목표는 문서선교에 있다.

하나님을 사랑하는 자 곧 그의 뜻대로 부르심을 입은 자들에게는 모든 것이 合力하여 善을 이루느니라(롬 8:28)

Member of the
Evangelical Christian
Publishers Association

규장은 문서를 통해 복음전파와 신앙교육에 주력하는 국제적 출판사들의
협의체인 복음주의출판협회(E.C.P.A:Evangelical Christian Publishers
Association)의 출판정신에 동참하는 회원(Associate Member)입니다.